湯川秀樹

京都で記した戦中戦後

小沼通二 編

日記1945

湯川秀樹(1944年) 撮影=濱谷 浩

まえがき

小沼通二

　日本人で初めてノーベル賞を受賞した物理学者湯川秀樹は、1938（昭和13）年から1948年まで研究室日記（日誌）15冊を書き続け、出張にも持って行った。一方で1933年末から自宅で個人日記を書き続けたのだが、ヨーロッパでの国際会議に招待されて1939年6月末から10月末まで欧米の旅を続けたあと自宅の日記を続けることはなかった。そして研究室日記は題名を変えないまま、個人の日記を兼ねるようになっていった。1948年で中断したのは、米国のプリンストン高等研究所から招聘されて渡米したときだった。

　1年後にニューヨークのコロンビア大学に移り、1953（昭和28）年に帰国した後、1954年の1年間だけ自宅で日記を書いたが、その後日記を続けて書くことはなかった。1981年の永眠後、研究室日記は京都大学基礎物理学研究所在職中に使用していた所長室に残されていて、スミ夫人から研究所に寄贈された。これまでに分析された内容を部分的に公開してきたが、この度1945年の研究室日記全体をまとめて出版する運びとなった。

　1945年は第2次世界大戦の末期から日本の敗戦による戦争

終結を経て、連合国軍による日本占領が始まった年であり、湯川は38歳の京都大学理学部教授で、京都市内の北山通の南側の左京区下鴨神殿町18番地に住んでいた。激変の年の日々に湯川がどのように行動したか、何を記録に残したかったのかが、この日記にははっきりと書かれていて、戦争終結を機に、湯川の何が変わり、何が変わらなかったのか、これまで明らかにされていなかった事柄を多々見出すことのできる歴史的文化財といえる。

　しかし公開用の日記ではなく、70年以上のときを経た今日では、理解しにくいことも少なくないので、註を多めにつけることとした。また湯川は、自分の思いを日記にはほとんど書かなかったので、1943（昭和18）年の年頭所感「科学者の使命」と、戦後「沈思と反省」のあと初めて書いた1945年の「静かに思ふ」と翌年の「京の山」を収録した。さらに京都にゆかりのある3人の識者に、この研究室日記を読んでの思いを執筆していただいた。この日記は、今日の世界と日本を考えるうえでも大いに参考になると思っている。

（こぬま・みちじ／慶應義塾大学名誉教授）

湯川秀樹日記1945　目次

7

凡例

・本書は、第2次世界大戦が終結した1945（昭和20）年の湯川秀樹の日記を解読し、註と解説を付けたものです。

・この日記は、湯川家から京都大学基礎物理学研究所湯川記念館史料室に寄贈された1938（昭和13）年〜1948（昭和23）年の15冊の「研究室日記／日誌」のシリーズのうち、第IX冊「研究室日記」の途中から、第X冊「研究室日記」、第XI冊「研究室日誌」の途中までにまたがって書かれていて、研究室の記録だけでなく私的な記録も含んでいます。

・この年の日記に密接に関係している湯川の著作「科学者の使命」（初出：『京都新聞』、1943（昭和18）年1月6日）、「静かに思ふ」（初出：『週刊朝日』、1945（昭和20）年10月28日／11月4日合併号）、「京の山」（初出：『洛味』第一輯、1946（昭和21）年9月10日）を初出のまま収録しました。

・数式やグラフが書かれているページは、日記の最後に元の手書きのまま図版として掲載しました。

・日記の改行は原文のままです。

・日記と三編の著作の仮名遣いはもとの旧仮名遣いのままとし、漢字のうち常用漢字表にある文字は現在の字体を用い、それ以外の漢字はもとのままにしてあります。読み方が現在使われていない漢字と、読みにくい漢字にはできるだけルビを振りました。

・日記中、誤りと思われるところは、原文の通りにして［ママ］と記入し、必要と思われた場合には註でとりあげました。

・日記中の［　］は編者による補筆です。

・不明な文字は、□にしています。

・今日の社会的常識、人権的観点から不適切な表現が含まれていますが、当時の社会情勢などを考慮し、また記録的側面を重視し、原文通りにしました。

湯川秀樹日記1945

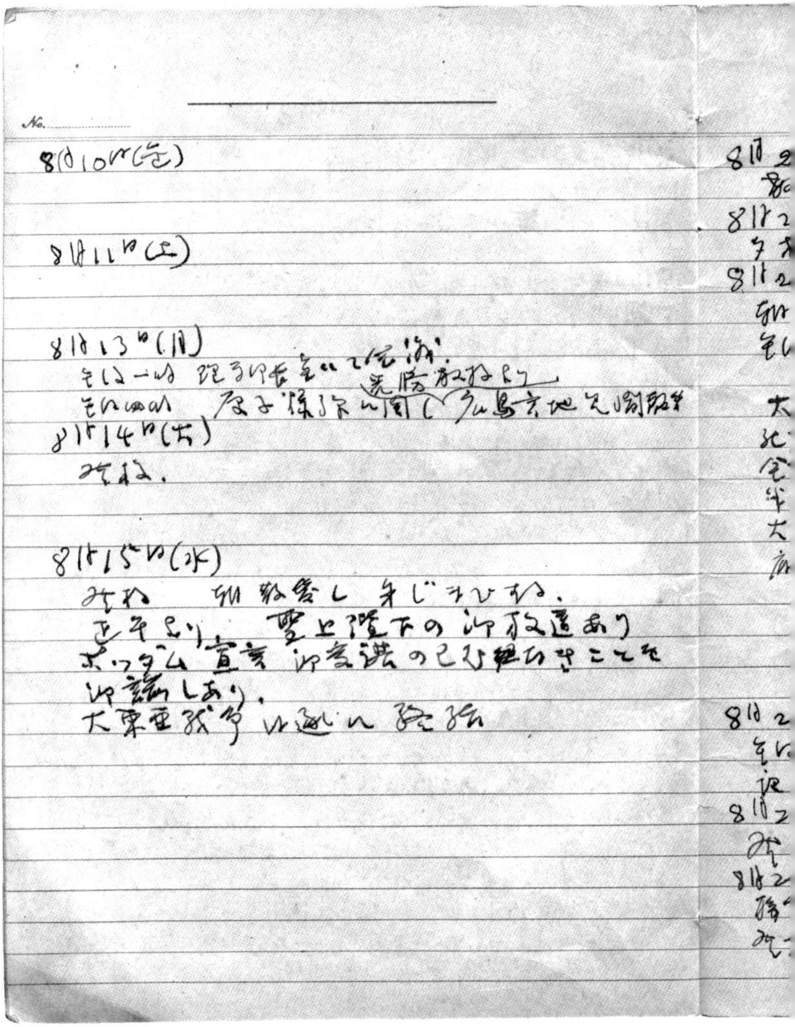

No.
8月10日(金)
8月11日(土)
8月13日(月)
午後一時 理学部長室にて会議.
午後四時 原子核研究に関し 荒勝教授より 広島市実地見聞報告
8月14日(火)
欠勤.
8月15日(水)
欠勤 朝散歩し 身じまひする.
正午より 聖上陛下の御放送あり
ポツダム宣言 御受諾のやむ無かりしことを
御諭しあり.
大東亜戦争は遂に終結

湯川秀樹日記1945

昭和廿年

1月1日
7時前起床　今年は一家四人に忍さん　林さんも揃つ
て　お屠蘇の代りの御酒，御雑煮を祝ふ
山本さん，井上儀氏挨拶に来る．晴れたよいお正月で
ある．澄子，忍さん少し熱あり

1月2日
今日は寒い　朝から雪が降る．昼前，中市氏来訪
午後　一家六人にて色々遊ぶ．鈴木垣君夫妻，谷川
君来訪．小生も7度前後の熱あり．咽喉が少
し痛み　声涸れる．澄子，忍さん　尚少し熱あり．

1月3日
咽喉が痛む　朝熱7度6分．起きて居る．
午後一時半頃　阪神地区に敵編隊数次
に互って来襲．空襲警報，二回退避．
大阪市に焼夷弾投下．三時過解除．
三回程吸入をする．咽喉の痛み殆んど全快．
本日の空襲は敵編隊数90機　矢張り名古屋を
中心とせるものなり

1月4日　大分暖かい．
まだ咽喉がすつかり癒らぬので吸入をして家
に居る．昼前　小林君来訪．
午後　上田，野口，鳴海夫妻，南部さん

一家四人 （1月1日）
湯川秀樹（1907（明治40）〜1981（昭和56）、父小川琢治、母小雪）、妻スミ（1910（明治43）〜2006（平成18）、戸籍名澄子、父湯川玄洋、母みち）、長男春洋（1933（昭和8）〜2019（平成31））、次男高秋（1934（昭和9）〜1971（同46））。

中市氏 （1月2日）
中市弘。湯川の初期の一般書と選集全5巻を刊行した出版社甲鳥書林・養徳社・甲文社の社長。2月22日の註参照。

鈴木坦 （1月2日）
（1921（大正10）〜1951（昭和26））。京都大学理学部物理学科1943（昭和18）年卒業、湯川研究室出身。のちに横浜国立大学助教授。北洋（きたひろし）のペンネームを使って1946年から探偵小説を執筆。

谷川君 （1月2日）
谷川安孝（1916（大正5）〜1987（昭和62））。1939（同14）年大阪大学理学部物理学科卒業。湯川の指導を受ける。1942年、坂田昌一とともに二中間子理論を創った。神戸大学教授。

空襲警報 （1月3日）
第二次大戦中、「航空機来襲の恐れがある」場合警戒警報が発令され、続いて目標と予想される地域に空襲警報が出され、逆の順序に解除されたが、少数機の場合や沿岸を遊弋（ゆうよく）する機動部隊（1月7日の註参照）からの空襲では間に合わないことがあった。国民にはラジオとサイレンで周知された。日本本土の空襲については解説206ページ参照。

吸入 （1月3日）
のどの痛みを和らげるため、水蒸気を噴射して口から吸入させる家庭用吸入器が普及していた。

小林君 （1月4日）
1月8日の日記に出てくる小林稔だろう。

鳴海 （1月4日）
鳴海元（はじめ、1919（大正8）〜2010（平成22））。京都大学理学部物理学科1943（昭和18）年卒業、湯川研究室出身。のちに広島大学理学部教授、図書館情報大学副学長を歴任。

など家に集まり　色々　夕方まで遊ぶ.
澄子　発熱7度9分.

1月5日
又少し寒くなる.　終日家居.　熱はないが　まだ少し
鼻風邪が残つてゐる.
昨日　台湾,　沖縄に米機約900来襲.
比島決戦はレイテより比島全般に移行せんとし
小磯首相　戦局の必しも楽観を許さざることを強
調す.

1月6日(土)
登校.　四手井君に会ふ.　澄子　8度3分まで発熱.
夕　竹上氏来診.　矢張り風邪との事

1月7日(日)
家居.　まだ鼻風邪が癒^{なお}らぬ.

敵機動部隊　ルソン島リンガエンに艦砲射撃
開始.　吾が航空部隊出撃　空母3轟沈^{ごうちん}等
の戦果を挙ぐ.

1月8日(月)
登校.　林さん土佐へ帰る.
午後教室相談.　小林稔君教授推薦の件.

比島決戦 （1月5日）

1944（昭和19）年7月に決定された大本営（戦時に設置された日本陸海軍の最高統帥機関）の作戦は、比島（フィリピン）・台湾・南西諸島・本土・千島列島の線まで連合軍が来攻したら決戦を行うというものだった。フィリピンについては9月に、海空の決戦はどこででも行い、陸上の決戦はルソン島で行うと決定した。米軍が10月にレイテ島に上陸したのに対し、現地の陸軍は計画通りのルソン島決戦を主張したが、大本営はレイテ島で陸海空の決戦を行う方針に変更した。12月には再度ルソン決戦に方針を変えた。この混乱により兵力を消耗し、米軍の1945年1月のルソン島上陸に対し、決戦の力はすでになく、山中での持久戦以外の道は残されていなかった。

四手井君 （1月6日）

四手井綱彦　京都大学教授で放射線物理学が専門。

機動部隊 （1月7日）

航空母艦を中心にして機動性の高い軍艦によって編成された部隊。

轟沈 （1月7日）

敵の艦船を攻撃して沈没させることを撃沈とよび、短時間に沈没した場合に轟沈と呼んだ。

教室相談 （1月8日）

京都大学理学部物理学教室の運営を相談する非公式の会。

小林稔 （1月8日）

小林稔（1908（明治41）～2001（平成13））。湯川の最初の学生の一人で、中間子理論建設に協力（第4論文の共著者）。京都大学教授、専門は原子核理論。

1月9日（火）
登校．　千本大市にて　武居弘量氏の御馳走になる．茂樹
兄，高四郎兄，有恒氏来会．空襲警報発令　晩　岡崎つるや
にて　秋田屋の招宴．大塚，服部，斎藤，エッカルト，エバース
マイヤー，大山，谷□氏来会．九時半帰宅

1月10日（水）
寒い．登校．
午後　量子力学講義，今回で当分休講，二回生が勤
労動員より帰つてから再開の予定

昨日　米軍　ルソン島リンガエン湾より上陸．愈ゝ大決戦の
火蓋は落された．

1月11日（木）
登校．大変寒い．この頃は毎朝頭巾を被って出かける．
正午　朝日新聞橋本記者来室　仁科さんの朝日賞に関する
原稿を書いて渡す．　養徳社木村氏，中央航研
塩谷氏来室

1月12日（金）　雪降る　大変寒い．
午後　三回生演習打合せ．
深夜地震あり　眼を覚す
咽喉がまだ癒らぬ，咳と鼻汁とが無くならぬ．

武居弘量氏、高四郎兄、有恒氏 （1月9日）
武居高四郎は湯川の次姉妙子の夫。弘量はその長男、
有恒は次男。

茂樹兄 （1月9日）
貝塚茂樹（1904（明治37）〜1987（昭和62））。湯川（三
男）のすぐ上の兄（次男）。専門は中国史、特に中国考
古学。京都大学人文科学研究所教授。

勤労動員 （1月10日）
労働力不足を補うために、主に中等学校以上の生徒・
学生を軍需工場や農村などに、学業より優先して動員し、
奉仕させた。

頭巾を被る （1月11日）
当時、空襲による落下物や火災から頭や首を守るため、
綿や木綿を入れた布製の頭巾（防空頭巾）を被り、後ろ
から紐を回してあごの下で縛って、常時使用した。各家庭
の手作り。

仁科さん （1月11日）
仁科芳雄（1890（明治23）〜1951（昭和26））。物理学
者。東京大学工学部電気工学科卒業。理化学研究所に
入所。ボーア（Niels Bohr、1885（明治18）〜1962（昭和
37））のもとに留学し、電子による光の散乱に関するクライン・
ニシナの公式を導き、帰国後、宇宙線研究、加速器研究、
原子核理論研究のパイオニアとなり、湯川秀樹、朝永振
一郎を指導し、激励した。戦時中は陸軍から委託された
戦時研究（二号研究）を進めた。

朝日賞 （1月11日）
学術、芸術などの分野で傑出した業績を挙げ、文化、社
会の発展に多大な貢献をした個人または団体に贈るため
1929年に朝日新聞社が創設した賞。仁科芳雄は、「元素
の人工変換及び宇宙線の研究」により、1944（昭和19）
年度の朝日賞（文化賞部門）を受賞した。

養徳社 （1月11日）
2月22日の註参照。

1月13日（土）
登校.
午後　理論談話会.
長谷川君．Pauling, Chemical Bond 続き

1月14日（日）
昼前より鳴海氏夫妻，上田さん，野口さん招待
昼食を共にする．　一時過空襲警報発令　敵機
見ゆ．夜中に地震あり

1月15日（月）
朝　駅へ切符を買ひに行く．熱あるらしく頭痛
がするので　大学で昼食後，家へ帰る．7度
9分熱あり．臥床．晩竹上さんに診て貰ふ.
気管支加答児.

1月16日（火）
朝　7度9分．併し気分は大分よくなって来る．朝中臥床.
午後　長谷川寛君来訪．荒木，小林両君も
招んで夕食．夕方　平熱に復す
10時40分頃　また地震あり.

1月17日（水）
朝　大変寒く硝子窓に氷の結晶が見える．室内零下
2度．十時頃　戸外の水道管破裂．水が噴
出す.
用心のため今日も家に引籠る．夕方6度9分

地震（1月12日）
1月13日午前3時38分に発生した、愛知県・三河湾（深さ11キロ）が震源のマグニチュード（M）6・8の地震。西尾市で震度6を記録した。規模の割に被害は大きく、死者2306人、住宅全壊7221戸、半壊1万6555戸など。津波も蒲郡で1㍍など。三河地震と名付けられた。この地震については公表されなかった。

理論談話会（1月13日）
湯川研究室のメンバーが集まって議論した会。（解説218ページ参照）

長谷川　寛（1月16日）
2月16日と3月6～8日の日記に出てくる長谷川中尉と同一人物。京都大学理学部物理学科1942（昭和17）年卒業。戦後静岡大学を経て立教大学理学部教授。宇宙線、特に日本ではじめて原子核乾板を研究。

荒木（1月16日）
1月23日に登場する荒木源太郎だろう。

1月18日（木）
今朝も大変寒い　室内零下三度　硝子窓の氷の
結晶は益々鮮かである．
16日夜，京都市東山女専へ米機爆弾投下，
京都への投弾はこれが初めてである．
平熱に復したが，痰が少し残ってるのでもう一日
家で静養する．

1月19日（金）
零下二度．今日から登校．朝荒勝教授と懇談
午後　三回生演習
Casimir　第一回　高木君
一時過ぎ警報発令，阪神に八十機来襲．
三時前　演習再開

1月20日（土）
登校．今日は少し暖かい

1月22日（月）
登校．午後教授会．小林君教授任用の件など．

1月23日（火）
登校
午後　荒木源教授の室にて　CO_2吸収の問題
続講　小野君　鈴木君出席．空襲警報発令．

京都市東山女専へ米機爆弾投下 （1月18日）

京都・馬町空襲と言われている。京都で被害が出た初めての空襲。米軍の長距離爆撃機B29の1機が東山区馬町に爆弾を投下した。女専（京都女子専門学校）は現在の京都女子大学。25日の日記の記述は当時公表されていない情報だった。（解説208ページ参照）

京都新聞1945年1月18日　馬町空襲

荒勝教授 （1月19日）

荒勝文策（1890（明治23）〜1973（昭和48））。1928（同3）年台北帝国大学教授に就任、1934（同9）年に、アジアで初めてコッククロフト・ワルトン型加速器を作り、原子核変換実験に成功。1936（同11）年京都帝国大学教授、日本海軍のF研究（2月3日註参照）の責任者。

高木君 （1月19日）

高木修二（1923（大正12）〜2006（平成18））。専門は原子核理論。京都大学理学部物理学科卒業。

教授会 （1月22日）

京都大学理学部教授会。

1月24日（水）
登校．朝　林さん　高知から帰って来る．
午後　高橋勲君．野津教授来室

1月25日（木）
登校．大変寒い．春洋熱下る．林さん8度9分
荒勝氏に面会
上京見合せ　仁科氏に電報

1月16日夜　東山爆撃結果　11時15分投弾　24分警
報発令　高度6000以上　爆弾50瓩 ［キログラム］13個以上
焼夷弾2個．
落下地点　鳥辺山墓地，三島神社，修道校，
妙法院前，京都幼稚園，東山渋谷通り
死者34名　即死17名
重傷23名　軽傷26名
家屋全壊　廿余戸．半壊　112戸
全焼2戸
罹災者　750名
敵機は西南より来り東北に去る
灯管不良．硝子破片にて負傷多し
布団を被ること　硝子戸開けること

1月26日（金）
午後三回生演習　安藤君．Casimir　第二回
夕方　中市氏宅にて茶会．澄子も出席．瓢亭にて夕食．

荒木源教授(1月23日)

荒木源太郎（1902（明治35）〜1980（昭和55））。東京文理科大学を卒業し、同大学と理化学研究所で中間子論、原子スペクトルなどを研究。湯川の推薦によって、京都大学工学部工業化学教室の教授。物理化学分野でも業績。ノーベル賞受賞者の福井謙一たちを生み出すことに貢献。京都大学工学部の原子核工学教室の設立発展に尽力した。

1月16日夜（1月25日）

この情報は当時公開されていない。京都府のデータと一致する内容があるので、府庁か警察からこの情報を入手したのではないだろうか。

灯管（1月25日）

灯火管制。夜間の空襲の目標になることを避けるため、灯火が屋外に漏れないように、消灯や、照明器具の周囲を黒布で覆うことなどが命ぜられた。

瓢亭（1月26日）

400年ほど前の江戸時代に京都の南禅寺境内に開業し、今に続く料亭。

1月27日（土）
午前三回生演習　永井君　Fock, Zweite Quantelung
午後帝都へ七十機来襲
晩北洋会

1月28日（日）　雪降る　朝零度（今迄の温度は1.5度だけ低く読み過ぎ）
午後□所　水道管直しに来る.
三時半過より一人で深泥ケ池へ散歩, 北岸の方は
風が当らぬので暖かく　雪もすっかり消えて居る.
京都保養院の入口の所まで行って引返す. 池の面は
半以上芦で覆はれ　昔見た時と　感じが違ふ

1月29日（月）朝零度.
午後赤外線の会, 荒木氏の室.
晩三回に互って警報あり

1月30日（火）
午前　警報発令. 寒い
午後　三回生演習　小山君　Mott, Chapter Ⅳ, spin of the Electron
晩二回警報発令.

1月31日（水）
寒さ稍緩む. 併し表の水道管また破裂.
登校. 終日素粒子論原稿書きなどに
費す.

永井君（1月27日）
永井博之。京都大学理学部物理学科1945（昭和20）年卒業。原子核理論を研究し、九州工業大学に勤務した。

深泥ケ池（1月28日）
深泥池、みどろがいけ、みぞろがいけ。京都市北区上賀茂深泥池町と狭間町にある池と湿地。周囲は約1540㍍、面積は約9.2㌶。貴重な植物群落と池底に泥炭の堆積があり、1万年前の氷河時代からミツガシワやホロムイソウなどが生育しており、池中の浮島には暖かい時代のサギソウなどもあって、「深泥池生物群集」として天然記念物に指定されている。

京都保養院（1月28日）
1928（昭和3）年、結核療養所「京都保養院」が深泥池の北側（京都市北区上賀茂ケシ山）に開設された。1942（同17）年に名称が京都博愛会病院に変更された。現在も同じ場所にあり、18の診療科がある。

赤外線の会（1月29日）
3月5～9日の出張に関係する議論をおこなった。（解説222ページ参照）

小山君（1月30日）
小山成人。京都大学理学部物理学科1945（昭和20）年卒業。甲南高等学校（兵庫県）に勤めた。

素粒子論原稿（1月31日）
湯川は、1948（昭和23）年5月に『素粒子論序説　上巻』（岩波書店）を刊行した。この原稿の執筆と思われる。（解説240ページ参照）

2月1日（木）
朝　素粒子学講義開始.

2月2日（金）　雪降る　雨となる. 午後　寒し
午前二回生集合. 勤労動員決定
午後　Casimir 三回生. 高木君.

2月3日（土）　雪，寒し
朝十一時より会議室にて入学者決定　59名中34名
（定員31名）
午後　嵯峨水交社に荒勝，堀場，佐々木三氏と会合
F研究相談. 帰途　警戒警報発令.

2月4日（日）　雪. 寒し
終日家居.
高秋風邪　大部快方に向ふ. 澄子も起る.
午後　敵85機　神戸市に来襲，　15機　松阪市に来襲.

2月5日（月）
登校，午後教授会. 第一次入学者決定.
忍さん北井へ帰る.

2月6日（火）
登校. 昼も夜も警報出る.

水交社（2月3日）
日本海軍の将校の親睦・研究・共済団体で、各地に宿泊・飲食・会合・購買などの施設を持っていた。

堀場，佐々木（2月3日）
京都大学理学部化学科の教授だった堀場信吉（しんきち、1886〜1968）と佐々木申二（のぶじ、1896〜1990）は、F研究の中でそれぞれ「原子核化学」、「弗化（ふっか）ウランの製造及放射能化学」を担当した。

F研究（2月3日）
1944（昭和19）年に海軍軍政本部から京都大学が依頼された「原子エネルギー利用計画」。原子爆弾の可能性を検討した。責任者は原子核実験の荒勝文策理学部教授で、湯川は原子核理論を担当した。Fは核分裂を意味するfissionの頭文字。（解説220ページ参照）

警戒警報（2月3日）
1月3日の註参照。

2月7日（水）
終日雪　大分積る
登校，
敵　2月3日　米上陸軍マニラ市一角に突入．
1月末の敵空襲にて　本郷兄の家のすぐ裏まで火事
が進んで来た由．しかし　兄の家は無事．

2月8日（木）
朝　講義

2月9日（金）
朝零下2度．今冬で一番温度が低い．路も
すっかり凍てついてゐる．電車を待つこと40分．
これからはこの位の無駄は度々あることと観
念せねばならぬ．散髪屋も満員で断念する
午後　三回生演習．安藤君．Casimir 続き
坂田君来室．午後散髪に行．
この頃は色々腹の立つことがあるが，よくよく辛抱
せねばならぬ．

2月10日（土）
登校
午後　敵九十機北関東（太田付近）に来襲．
晩　不寝番．警戒警報出ず
夕方咳が出る．熱6度8分

本郷兄の家（2月7日）
長兄の小川芳樹（1902（明治35）～1959（昭和34））は、当時東京大学工学部教授。専門は金属工学。本郷の東片町に住んでいて、湯川は上京するとここに泊まった。4月13日の空襲により焼失。

坂田君（2月9日）
坂田昌一（1911（明治44）～1970（昭和45））。湯川の最初の学生であり、最初の研究協力者として中間子論建設に協力、第2，3，4論文の共著者。二中間子論により日本学士院恩賜賞。名古屋大学教授。専門は素粒子論。

京都大学の研究室で坂田昌一氏（左）と

不寝番（2月10日）
空襲に備えて、町内で交代して一晩中、寝ないで待機した。

2月11日（日）　紀元節　朝1度．　大分暖かい．
終日家居．吸入を二度する

2月12日（月）
登校　午後大学院学生の件相談．

2月13日（火）
登校．愈々明日より上京に定める．朝日惣郷氏来室

2月14日（木）
朝　10時23分の急行に乗るつもりで家を出たが
二時間以上の延着の由で断念．午後出直して　4時52分
の鈍行に乗る．1時間延着．

2月15日（木）
朝7時　東京着．東片町に落付く
朝の中に仁科氏宅，理研仁科さんの部屋
に順にまはる［回る］　正午過華族会館　日独
懇談会に出席．高石氏，本庄氏，寺村氏，
松本氏（？），鈴木氏等と会談．警戒警報
発令　大学へ行ったが　講義は出来ず．
本日の空襲は主力（60機），名古屋方面空襲．

2月16日（金）
朝7時　敵艦載機来襲．朝食半（なかば）で退避壕に入る．
朝10時　白水社　草野氏来宅．
午後より夜まで終日警戒警報，延1000機以上

紀元節（2月11日）
日本の初代天皇とされる神武天皇が即位した日だとして、1873（明治6）年から1948（昭和23）年までの間、2月11日は紀元節という祝日だった。

艦載機（2月16日）
軍艦に搭載され、運用された航空機。日本はこの時期には、制空権も制海権も完全に失っていて、日本の沿岸を遊弋（ゆうよく）している米海軍の軍艦の艦載機による突然の空襲がこの日から始まった。

長谷川中尉（2月16日）
長谷川寛中尉は3月5〜9日に湯川が視察に行く浜名湖の熱線吸着爆弾開発の関係者。この日の来宅は視察の打合せと思われる。1月16日の註参照。

井上健中尉（2月16日）
井上健（1921（大正10）〜2004（平成16））。理論物理学者、1941（昭和16）年京都大学理学部物理学科卒業、湯川研究室出身。

来襲．　午後大学にて講義．
午後5時　長谷川中尉来宅．
夜7時半　井上健中尉来宅．

2月17日（土）　朝7時敵機来襲．
朝10時．宇宙線班の会　学士会館，来会者十数名．
[以下2ページにわたりこの会のメモ　158〜159ページに収録]
[宮崎氏，精密計数管式宇宙線計．
　関戸氏，高層気温の推定
　関戸氏，一次宇宙線の変化　の報告と討論]

学士会館にて昼食後，東大にて講義　四時頃まで
約三時間．警戒警報漸く解除，
東京駅へ寄つたが切符買へず
晩また警報出づ

2月18日（日）
朝食後　駒込駅に行き　帰りの切符を買ふ．間もなく
警報解除となる．長岡先生のお宅を訪問．
東片町にて昼食後，兄に見送られて　東京駅へ行
き，午後3時過ぎの大阪行きに乗車．中村誠太郎と
暫らく話す．

2月19日（月）
汽車は無事　朝5時過ぎ　京都駅に着いたが，汽車

宇宙線班 （2月17日）
文部省の科学研究費補助金の総合研究班の一つ。必要に応じ研究報告・協力・交流・討論のための会合が開かれた。

宮崎氏 （2月17日）
宮崎友喜雄（1909（明治42）～1994（平成6））。1938（昭和13）年北海道大学理学部物理学科卒業。理化学研究所で宇宙線研究。

関戸氏 （2月17日）
関戸彌太郎（1912（明治45）～1986（昭和61））。宇宙線研究者、北海道大学卒業、理化学研究所に勤務。のちに名古屋大学教授となった。

長岡先生 （2月18日）
長岡半太郎（1865（慶応元年）～1950（昭和25））。土星型原子モデルを提唱。東京大学教授。初代大阪大学総長を1931（昭和6）年から1934（同9）年まで務め、この時に湯川は大阪大学に転任した。1937（昭和12）年に第1回文化勲章受章。

中村誠太郎 （2月18日）
中村誠太郎（1913（大正2）～2007（平成19））。専門は原子核理論・素粒子理論。1941（昭和16）年京都大学理学部物理学科卒業、湯川研究室出身。1943年に湯川の東京大学（兼任）における助手。のち東京大学教授、日本大学教授、東海大学教授を歴任。

は途中で超満員となり，窓から下車する始末である．
6時半帰宅．
午後　教授会に出席．
旅行前から風邪気味で　咳とたんが取れぬ．

2月20日（火）　小雪
登校，咳がなほひどくなる．夕方7度1分

19日朝，敵米軍遂に硫黄島に上陸．

2月21日（水）
咳がひどいので　学校を休んで一日病臥．
熱は下った．

2月22日（木）
今日も休む．併し起きて「目に見えぬもの」の原稿を書きたす．夕方熱6
　　度9分
晩　竹上氏来診．咳のため胸が痛い．

2月23日（金）
今日も一日静養．おとなしく臥てゐる．夕方
6度8分．

2月24日（土）
今日は少し寒い．朝熱，6度3分，今日から
登校，
朝三回生演習．小山君．Kemmer Quantum

窓から下車 （2月19日）

当時の列車の窓は小さかったが、すべて開けることができた。物資不足から、戦中・戦後にかけて窓ガラスが壊れてもそのまま使われた。一方、出入り口まで満員のことが多く、窓を開けて下車・乗車することもしばしばだった。

硫黄島 （2月20日）

1891（明治24）年に日本領土に編入され、現在東京都小笠原村に属する島で、父島から南南西約300km、東京都23区からは南に1200kmに位置する東西6km、南北8kmの火山島。1944（昭和19）年に住民は強制疎開させられた。日本軍は3月21日に全滅。（3月21日の註参照）

「目に見えぬもの」の原稿を書きたす （2月22日）

湯川は1944（昭和19）年4月30日に養徳社（社長：中市弘）から『物理学に志して』を刊行した。これを増訂して刊行する計画が立てられ、以前科学朝日の3巻12号（1943年12月号）に書いた「目に見えないもの」と題するエッセーを含めることにした。この増訂計画は、1946年3月20日になって、書名も『目に見えないもの』と変更され、甲文社（社長：中市弘）から刊行された。この出版社変更は、戦時中に企業の整理統合が進められ、紙の欠乏による割り当てが厳しく、中小出版社は廃業か合併かを迫られたことに関係がある。養徳社は、甲鳥書林（社長：中市弘）、天理時報社出版部など5社が合併して天理市に1944年に設立されたのだが、中市は1945年8月に辞任して、1946年に甲文社を立ち上げたのだった。

Theory of E. B. particles and nuclear interaction
午後　談話会,
小野君, Fierz, Wechselwirkung zweier
Nukleonen in der Mesontheorie
(Helv.　17 (1944) 181)
夕食に坂田君を招待.

2月25日（日）
雪深し, 3寸位積もる. 終日寒し,
夕方　忍さん帰って来る.
今日午前, 艦載機延べ600. 午後　B29
130機　関東地方を襲ふ.

2月26日（月）
登校
午後　談話会　坂田君も出席.
Fierz, Theorie magnetisch geladener
Teilchen (Helv.　Phys.　17 (1943) 27)

2月27日（火）

2月28日（水）

3月1日（木）
朝, 素粒子学講義.
特別科学教育の件にて　科学局長及び菅井氏に速達を出す

Helv. （2月24日）
スイス物理学会の機関誌 Helvetica Physica Acta。戦時中、海外の学術雑誌がほとんど入手できなかった中で、中立国スイスからはシベリア鉄道経由で定期的に送られてきていた。スイスには湯川の中間子論を発展させていた研究者がいたため、湯川グループはこの雑誌に注目を続けていた。

特別科学教育 （3月1日）
1944（昭和19）年の衆議院における建議に基づいて、国民学校（現在の小学校）4〜6年生と中学校（当時は5年制）1〜3年生の中から、科学に才能のある生徒を選抜して行った高度な教育。京都では、動物学者の駒井卓や湯川たちが計画を進め、京都師範学校附属国民学校と京都府立第一中学校（京都府立洛北高校の前身）において1945年5月21日に開校式を行った。この制度は1946年度末に廃止された。

3月2日（金）
午後，三回生演習　髙木君　Casimir 殆んど終
了

3月3日（土）
午後理論談話会．
鈴木君，Fierz und Wentzel, Deutron-
problem
晩　独逸文化研究所にて　豊増氏の Beethoven Piano
Sonata を聴く．

3月4日（日）　春雨，稍々暖かし．
昼過ぎ　坂田氏来宅．
午後　矢倉氏宅へ行く．澄子同伴
午前　B29，150機帝都に来襲，雲上より
盲爆．

3月5日（月）　暖か
朝9時7分発の汽車にて佐久米に向ふ．途中　岡崎
付近に故障あり，刈谷にて長時間待たさる，
一旦名古屋に引返し，又豊橋に行き，豊橋駅
にて　夜を明す．

3月6日（火）　朝6時7分豊橋発　二俣線
にて　7時佐久米着，萬楽旅館に行く．
長谷川，速水両中尉に遭ふ．野田少佐
にも面会　早［ママ］夜来，風雨強し．旅館から

佐久米、萬楽、琴水、天神山、舘山寺（3月5〜9日）

湯川の5日から9日までの旅行の目的は、軍事研究の熱線吸収爆弾（空対地ミサイル）開発実験の視察だった。佐久米は浜名湖の北にあり、現在は浜松市北区三ケ日町佐久米。萬楽旅館は、佐久米海岸といわれる湖畔にあった。現在はホテルグリーンプラザ浜名湖がある。琴水は、佐久米の西の三ケ日町都築に、現在も割烹旅館琴水として営業している。天神山は、佐久米の北の山（標高88m）。舘山寺は佐久米の南東で浜名湖に面している。（詳細は解説222ページ以降参照）

写真上　水辺から見た萬楽
写真下　舘山寺ホテル玄関
　　　　（写真2枚は大野 勝美氏提供）

浜名湖はすぐであるが，波立ってゐる．今日
は実験中止，午前中と昼過ぎと一寸昼寝．
午後三時頃　琴水に平田森三氏を訪問．
晩　萬楽に泊る．

3月7日（水）　萬楽に居る．朝，長谷川，速水，松岡，
神山，工藤氏等と駄べる．午後天神山を廻る．
五時半頃より　天神山にて測定見学．萬楽に泊る．

3月8日（木）
朝　長谷川中尉と萬楽を出て，浜松に向ふ．浜松高工
を見学，バスにて午後四時過　舘山寺着．舘山寺ホテル
に泊る．測定見学．野村少将等と会談．

3月9日（金）
朝　舘山寺ホテルを出て，浜松駅より下り11時36分
発列車に乗る．午後9時過ぎ無事帰宅．少しく雨
降り　電車を待つ間長し．

3月10日（土）　又寒くなる，小雪．
登校，午後一時　教室相談会．大学院第二期
生の件など
午後二時より　理論談話会．谷川君，
Wentzel, Vektormesontheorie（Helv.　1943）
①今朝午前零時　B29約130機　帝都来襲，各所
　に火災発生，被害甚大の模様

平田森三（3月6日）
平田森三（1906（明治39）～1966（昭和41））。応用物理学者。当時東京大学第二工学部教授で、のちに東京大学理学部教授。専門は破壊機構。

浜松高工（3月8日）
浜松市浜松浜（現在　浜松市中区広沢）に、1922（大正11）年に設置された浜松高等工業学校。1944（昭和19）年に浜松工業専門学校と改称。現在の静岡大学工学部の前身。

帝都来襲（3月10日）
木造家屋の密集した東京の下町に対する、風の強い夜間の2時間半にわたる大規模、超低高度からの焼夷弾攻撃。それまでの空襲は、高々度から軍事施設・軍需工場を目標にした昼間爆撃だった。325機のB29が来襲、38万発以上を投下、最初はナパーム弾（大型焼夷弾）、続いてクラスター焼夷弾（内蔵した小型焼夷弾38発が空中で分散し、落下）を投下して東京の3分の1以上が焼失、死者8～10万人以上。来襲の途中でそれまでの経路を変更したため発令されていた警戒警報を解除したところに突如爆撃開始、空襲警報発令は8分後だった。日本に対する最初の、そして最大の無差別戦略爆撃。100回を超える東京の空襲のうち最大の規模である。この日の空襲あるいは一連の全体を東京大空襲と呼んでいる。

3月11日（日）
家居．澄子今日も引続き　夕方7度5分
小生も旅の疲れが出て来たらしい．

3月12日（月）
登校．
午後　Eckart，谷両氏来室，惣郷氏来室，
坂田氏来宅．
②今朝午前零時　B29約130機　名古屋に来襲
　焼夷弾投下

3月13日（火）　登校，午後野間氏と吉田山へ家を見に行く
三月十日，仏印共同防衛の実なし．皇軍（こうぐん）
単独にて防衛．
安南国独立．翌12日にはカンボヂアも
独立．

3月14日（水）
③昨夜半，B29約90機　大阪に来襲　雲上
　より盲爆．火災発生
　朝起きて見ると　空が暗く黄色い．雨降り
　出す．後で聞けば　大阪の火事の煙が原因
　らしい．
　登校．
　午後　名古屋　宮部氏電話で聞けば　坂田氏宅焼
　失の由．夜遅く電話にて御影へ知す（しら）

吉田山（3月13日）
京都大学吉田キャンパスの東、京都市左京区吉田神楽岡町
にある独立した丘。南北800m、東西300m、標高105mで
周囲より50～60m高い。

仏印共同防衛、安南国独立、カンボヂアも（3月13日）
ベトナム・カンボジア・ラオスは、当時フランス領インドシナ（仏
印）という名の植民地だった。ヨーロッパ戦線でフランスがドイ
ツとイタリアに降伏した1940（昭和15）年6月のあと、9月に日・
仏印軍事同盟を結んで、日本軍は北部仏印に進駐した。太
平洋とアジアにおける日本の敗色が濃くなるにつれ、仏印政府
と仏印軍が協力しなくなったので、1945年3月9日夜、日本
の仏印駐屯軍が仏印軍の武装解除、フランスの要人逮捕、
重要施設の接収を行い、10日に大本営発表と大日本帝国政
府声明によってインドシナを日本が単独で防衛する決定を言
明した。10日にはベトナムのユエで、バオダイ安南国王が安
南帝国の独立を宣言し、13日にはプノンペンで、シアヌーク・
カンボジア王がカンボジア王国独立を宣言し、日本との協力
を発表した。

大阪に来襲（3月14日）
大阪に対する初めての空襲。3月10日の東京大空襲に続き、
300機ほどが来襲、3時間半にわたり夜間、無差別のナパー
ム焼夷弾とクラスター焼夷弾によって攻撃。死者は4000人以
上、中心市街が焼き尽された。その後大阪への空襲は30
回以上に及んだ。

宮部氏（3月14日）
宮部直巳（1898（明治31）～1973（昭和48））。1927（同
2）年東京大学理学部物理学科を卒業。寺田寅彦門下の
地球物理学者。1941（同16）年名古屋大学教授。理学部
物理学科創設の任に当たった。

御影（3月14日）
現在の神戸市東灘区御影に住んでいた坂田昌一（2月9日
の註参照）の父、坂田幹太（1879（明治12）～1958（昭和
33））のこと。桂太郎首相秘書官、愛媛県と香川県の知事な
どを務めて、1945年には実業界に入っていた。6月5日の空
襲で自宅が焼失（6月9日の日記参照）。

3月15日（木）

登校．素粒子学講義

午後一時廿分の汽車にて京都発．四時廿分

姫路着　緒方姫路高校長，荒木教授　出迎へ

駅前　菊水旅館に宿泊．

3月16日（金）

よいお天気で日ざしは暖かい　風は冷たい　朝，菊水を出て　荒木教
　　授の案内で，姫路高

校へ行く　十時より十一時半まで文化講義　「輓
きん
近の物理学」．昼食後　比企教授の案内にて

白鷺城見学，西ノ丸より天守閣上まで一順［ママ　巡］．

14時12分　姫路発　大阪行列車に乗る．

帰りに大阪駅で下車．胃腸病院を見舞ふ．北浜一

帯は無事で安心．電車はまだ通らぬ．

8時前に帰宅．

3月17日（土）

④午前二時頃より　B29約60機　神戸に来襲
　　焼夷弾投下．友軍機及び高射砲の健
　　闘にて20機を撃墜，他のほとんど全部に
　　損害を与へたり．

登校．午前三回生演習．Kemmer続き，

小梶君．

午後　理論談話会

G. Wentzel, Zum Deuteronproblem II

(Helv. 17 (1944) 252)

胃腸病院（3月16日）

秀樹の妻スミの父湯川玄洋（1866（慶応元）〜1935（昭和10））は、湯川家の歴代の医業を継ぎ、大阪の北浜で1902（明治35）年に開業。1904（同37）年に消化器専門病院「大阪胃腸病院」を開設した。夏目漱石が入院したこともあり、「行人（こうじん）」に登場する。1950（昭和25）年に「湯川胃腸病院」と改名。1961（同36）年に天王寺区に移転して現在に至っている。

当時の胃腸病院
手書きの文字は湯川スミ夫人による

小梶君（3月17日）

小梶茂男。改姓して中野。京都大学理学部物理学科1945年（昭和20）年卒業。同学部数学教室を経て、京都大学数理学科研究所教授。

晩，独逸文化研究所にSchneiderのLißt演奏をきく.

3月18日（日）　今日もまだ真冬の様に寒い
朝　敵機動部隊来襲. 九州南部に主力，一部は四国方面，和歌山
方面に来る，総計140機.
今朝　聖上陛下　帝都戦災地御巡幸

3月19日（月）
引続き艦載〔機〕来襲.
登校. 谷川氏父君死去の報あり. 野間君に弔問に行って貰ふ.
午後教授会.
本朝二時頃百数十機　名古屋来襲
昨18日中の航空部隊戦果（判明分）
撃沈：制式空母　一. 戦艦（又は空母）一.
戦艦（巡洋艦）一. 駆逐艦　二.
撃破　制式空母一. その他
撃墜：46機

3月20日（火）　大分暖かい
登校

3月21日（水）　気温14度.
登校
本日　硫黄島将兵玉砕の報あり. 米兵殺傷
三萬三千に上る.
栗林中将の辞世.
国の為　重きつとめを　果し得で　矢弾尽き果て　散るぞ

Schneider（3月17日）
エタ・ハーリッヒ＝シュナイダー（Eta Harich-Schneider, 1897〜1986）。1941〜1949年に日本に滞在したドイツのクラヴィーア奏者、音楽学者で日本や東洋の音楽も研究した。黒川創「遊んでいる手」（本書195ページ）参照。なお黒川は、湯川日記やシュナイダーが登場する長編小説『暗い林を抜けて』（新潮社、2020年）を発表している。

Lißt（3月17日）
Lißt ＝ Liszt、作曲家フランツ・リスト（1811（文化8）〜1886（明治19））。ßはドイツ文字（フラクトゥール、亀の子文字）でszの合字。

聖上陛下（3月18日）
昭和天皇裕仁（ひろひと、1901〜1989）。聖上陛下は天皇の敬称。

制式空母（3月19日）
軍が採用した規格に従って最初から建造された航空母艦。他の艦船を改造して作った航空母艦と区別して使った。19日16時30分の大本営発表では「正規航空母艦」とされた。

硫黄島将兵玉砕（3月21日）
1945（昭和20）年2月19日に米軍が上陸し、激戦が続いた。3月21日12時に「…十七日夜半を期し…総攻撃を敢行…爾後通信絶（た）ゆ。」との大本営発表とともに、栗林忠道中将の辞世が発表された。玉砕といわれた全滅だった。

口惜し

仇討たで　野辺には朽ちじ　われは又　七度生れて　矛
を執らむぞ

醜草の島に蔓る　其の時の皇国の行手一途に思ふ

井上儀三郎氏 16 日死去の由.

3月22日（木）　気温15度

登校. 素粒子学講義　今日で一応終り.

午後　教室相談, 防空の件など

3月23日（金）

午後　三回生演習.

安藤君. Internal Conversion, Hulme,

Taylor, Mott

3月24日（土）　又少し寒い. 神殿町宅　第二防空壕掘りはじめる.

午前, 三回生演習. 小梶君.

Kemmer, Bose-Einstein Particle 終了.

新鋭特殊潜航艇・神潮隊の戦果発表.

菊水隊 19.11.20. 西カロリン, 金剛隊　中部太平洋及び

ニューギニア方面.

3月25日（日）　今暁0時,　130機のB29　名古屋に来襲

午後　一家四人　東山銀閣寺まで行く.

帰って窓硝子にセロファン紙を貼る.

表の防空壕掘り進行中.

井上儀三郎 （3月21日）
1月1日の日記に登場する井上儀氏と同一人物。

神殿町 （3月24日）
京都市左京区下鴨神殿町。湯川は1943（昭和18）年から1957年までここに住んだ。

防空壕 （3月24日）
空襲による被害を防ぐために地下に作った避難施設。政府は、1940（昭和15）年に空き地や庭に堅固な防空壕を作るよう指示し、1942年には都市からの市民の退去禁止と消火義務を法制化し、床下に「簡単にして構築容易なるもの」を設置するよう指示した。

新鋭特殊潜航艇 （3月24日）
真珠湾攻撃で初めて公表された特殊潜航艇は2人乗りで、魚雷発射後帰還することは計画されていなかった。大型魚雷を改造して1944（昭和19）年末から使われた"新鋭特殊潜航艇"回天は、炸薬780kgと乗員一人を載せて母艦から発進され、無航跡で進む、脱出装置のない人間魚雷だった。

窓硝子にセロファン紙を貼る （3月25日）
爆撃を受けたときに爆風によって割れたガラスの飛散を防ぐ（減らす）ため、透明の紙を貼ることが広く行われた。

3月26日（月）
登校
午後四時より　特別科学教育協議会，総長室にて
開催.
環樹氏来宅. 夕食, 一泊

3月27日（火）
登校.

B29　150機　北九州に来襲.
米機動部隊　沖縄本島に来襲.
一部の兵力をもって慶良間列島に上陸.

3月28日（水）
登校. 午前中　井上健, 市村照夫両君来室

3月29日（木）
登校

3月30日（金）　大変暑い. 午後20度に達す
朝8時半　新京阪にて　小林君と一緒に
池田へ行く. 池田斎場にて　岡谷氏告別式.
腎臓炎の所　狭心症にて急逝の由.
阪大へまはり　伏見氏の室にて昼食. 屋上にて
焼跡を展望. 5時帰宅.

特別科学教育協議会（3月26日）

3月1日の註参照。

環樹氏（3月26日）

小川環樹（1910（明治43）〜1993（平成5））。湯川のすぐ下の弟。中国文学者。

沖縄本島に来襲（3月27日）

大空襲に続く激しい艦砲射撃のもとで、3月26日に米軍が慶良間（けらま）諸島に上陸、4月1日には沖縄本島の嘉手納（かでな）、北谷（ちゃたん）に上陸、民間人を全面的に巻き込んだ激戦が、3か月にわたり繰り広げられ、最後の拠点だった南端の摩文仁（まぶに）が6月23日に米軍の手に落ちた。この間、14歳からの中学生まで陸軍省令で防衛召集されて戦闘に参加させられ、高等女学校生も「ひめゆり部隊」に徴用され、県民の4人に1人が亡くなった。6月23日、25日、7月1日の日記参照。

岡谷氏（3月30日）

岡谷辰治（〜1945（昭和20））。物理学者。大阪大学理学部教授。

伏見氏（3月30日）

伏見康治（1909（明治42）〜2008（平成20））。専門は統計力学他。大阪大学理学部教授。名古屋大学プラズマ研究所所長。日本学術会議会長など。

3月31日（土）　矢張り暑い.
朝登校. 駒井学部長室にて下田教授と
科学教育研究班の件　打合せ.
澄子　井上満枝さんの宅訪問.

南西諸島に於て　航空部隊　米艦船90隻を撃沈破

4月1日（日）
午後　登校. 理学部長室に集合. 生物教室にて新
入学生に対し　学部長より訓示.

今朝　敵　沖縄本島に上陸開始. 同方面に於て
本日までに撃沈破せる艦船総計105隻.

4月2日（月）
登校

4月3日（火）
今朝一家六人遠足. 祇園, 圓山, 清水, 本願寺.
二時頃帰宅. 谷川氏来宅

4月4日（水）　又　急に寒くなる. 終日曇り.
午後　量子力学講義開始.
秋田屋八束氏に素粒子論文集の件依頼

沖縄方面　航空部隊戦果総計, 艦船撃沈破
190隻.

敵主力沖繩本島に上陸開始

一部は神山、前島に 更に十五艦屠る

空、陸、海呼應激鬪續く

大本營發表（昭和廿年四月一日十五時）一、沖繩本島周邊の敵は昨三月卅一日朝その一部を以て神山島並に前島に、本四月一日朝來その主力を以て本島南部地區に上陸を開始せり

二、我航空部隊及び水上部隊の敵艦船に對し收めたる戰果中其の後判明せるもの次の如し

撃沈

航空母艦　一隻
巡洋艦　二隻
驅逐艦　二隻
艦種不詳　三隻

撃沈若くは撃破

戰艦若くは巡洋艦　一隻

撃破

戰艦若くは巡洋艦　一隻
驅逐艦　二隻
艦種不詳　二隻
輸送船　一隻

嘉手納正面に上陸

後續船團も近接

[illegible]一日午前七時頃から主力をもつて嘉手納西方海面に、またその一部をもつて南岸の湊川沖に兵力を集中熾烈な砲爆撃の下に上陸作戰を開始し、同十時頃嘉手納正面に於ては南方約五キロ、桑江以北に敵兵力を上陸させるに至つた、[illegible]本島所在の我が陸上部隊はこれを激撃し激闘中である、[illegible]後續船團を主として嘉手納正面に近接、上陸兵力の増强を圖つてをり、[illegible]

京都新聞1945年4月2日　沖縄本島上陸

4月5日（木）
素粒子論講義続講.
小磯内閣総辞職

四月六日（金）
朝　子供二人つれて登校. 大学新聞「理論
物理学」原稿送付.
午後　三回生演習　Bethe, Nuclear Physics
B, 第1回　高木君
鈴木貫太郎枢府議長に大命降下.

四月七日（土）
朝九時過ぎ空襲警報. 十一時頃敵 B24 らしき十数
機の編隊　研究室の頭を通過, 東北に転進.
午後　坂田氏来室.
理論談話会. 小林君, Stueckelberg, Un modele de
l'electron ponctuel II.
鈴木内閣成立.

四月八日（日）
午後　西下武夫氏来訪.
独逸文化研究所講演の独文原稿書き初める［ママ］.

沖縄水域戦果　撃沈破　34隻, 総計245隻.

枢府 （4月6日）

日本国憲法以前の大日本帝国憲法第五六条では、「枢密
顧問ハ…天皇ノ諮詢（しじゅん）ニ応ヘ重要ノ国務ヲ審議
ス」とされていて、枢密顧問が組織する機関が枢密院（略
称が枢府）だった。

大命降下 （4月6日）

大日本帝国憲法第一〇条では、天皇は行政各部の官制
と文武官の俸給を定め、文武官を任免するとされていた。
実際には、天皇が信頼している元老たちに首相候補を出させ、
天皇がこの候補に組閣を命じることによって天皇に任命責
任が及ばない形をとった。これを天皇の大命が候補に降下
したといった。

同4月8日　鈴木内閣成立

四月九日（月）
登校

四月十日（火）
登校

四月十一日（水）
登校

四月十二日（木）
登校．素粒子論講義．長谷川寛君来室

四月十三日（金）
登校　昼前，新二回生　理論専攻　7名（+1名
中山）集合，打ち合わせ
午後はずっと　明日の講演のタイプ打つ．帰りに
独逸文化研究所へ寄り　大山氏に原稿渡す

四月十四日（土）
九時　独逸文化研究所に行く．9時半　日独学術会議
開会式．十時半より講演，"Was ist das
Mesotron" と題し，独逸語にて25分間位講演．
独逸人達と一緒にミヤコホテルに行き　一緒に昼食．

米大統領ルーズヴェルト［ママ］4月12日15時35分（日本時間
13日5時35分）脳溢血にて急死．後任は副大統領
トルーマン．

独逸文化研究所（4月8日）

1934（昭和9）年に村野藤吾の設計によって京都大学の西側の東大路に設立され、日独文化交流の拠点として活動し「独逸文化年報」も発行していた。1945年第二次世界大戦の日独敗戦と共に消滅した。

ルーズヴェルト（4月14日）

Franklin D. Roosevelt（1882（明治15）～1945（昭和20））。通常ルーズベルトと書く。1933（同8）年から1945年まで米国の第32代大統領、民主党員。

トルーマン（4月14日）

Harry S. Truman（1884（明治17）～1972（昭和47））。ルーズベルト大統領の死去によって、副大統領だったが、1945年から1953年まで米国の第33代大統領を務めた。

沖縄方面　海空部隊再び総攻撃開始．既に
撃沈戦艦2隻，撃破空母3隻等の戦果あり．
13日夜半頃より　B29　170機帝都来襲．宮城，明治
神宮　市内各所に火災発生の由．
南西諸島邀撃戦果（3.23〜4.13）
撃沈178（＋4）　撃破144　総計326

四月十六日（月）
午後　楽友会館にて，特別科学教育班員会合．夕食後
晩，独逸文化研究所にて　日独交歓会．

四月十七日（火）
登校．午後　赤外線研究会．荒木，小野，金井
三君出席．

四月十八日（水）
登校．午前　核分裂研究会．小林，野間，鈴木
三君出席．
午後　中村誠太郎君来室．量子力学講義

大本営発表，沖縄本島東方海上にて航空部
隊，米空母5隻等撃沈

四月十七日（水）〔ママ〕
午後　量子力学講義

56

楽友会館 （4月16日）

1925（大正14）年に京都大学創立25周年を記念して、現在の吉田南キャンパスの南側（京都市左京区吉田二本松町、東大路通から近衛通を東に入ったところ）に森田慶一の設計で同窓会館として建てられ、鉄筋コンクリート2階建ての瓦ぶき、スパニッシュ・ミッション様式を基調にした外観が特徴だった。宿泊施設・会議室・喫茶食堂・結婚式場などがあった。戦後は占領軍に一時期接収されていたが、現在も会議室・喫茶食堂が使われている。1998（平成10）年に、国の登録有形文化財に指定された。

核分裂研究会 （4月18日）

F研究の関係者が大学内で行っていた非公式研究会。（解説220ページ以降参照）

註：四月十七日（水）［ママ］は四月十九日（木）の誤り。

四月廿日（金）

四月廿一日（土）
午後　理論談話会．鈴木君．
Coester, Stabilität der Atomkerne in der
Mesontheorie（Helv.　Phys.）

四月廿三日（月）
午後　理論談話会　小林君, Stueckelberg
続き．
東京　本郷兄より　東片町宅　13日空襲にて
焼けた由報告あり．

四月廿四日（火）
午後　新二回生演習
Sommerfeld第一回　寺本君

四月廿五日（水）
午前　駒井教授に面会．試験委員辞退．
午後　量子力学講義
晩　瓢亭にて　小堀, 藪内両君　学位受領
祝賀会．木村, 田中, 森, 岡村　計七人
出席．

3月以降, 4月15日までの罹災状況．
東京　51萬戸　210万人；大阪　13萬戸　51万人
名古屋　6萬戸　27万人；神戸　7萬戸　26万人

寺本君（4月24日）

寺本英（1925（大正14）～1996（平成8））。生物物理学者。京都大学理学部物理学科1947（昭和22）年卒業。京都大学理学部生物物理学科教授。数理生物学の開拓者。日本生物物理学会会長を2回務めた。

小堀君（4月25日）

小堀憲（1904（明治37）～1992（平成4））。数学者。第三高等学校で湯川と同学年。3年生のとき、湯川のいた理甲クラスの力学を、理乙（オツ）クラスから朝永振一郎とともに履習し、湯川と机をならべた。

藪内君（4月25日）

藪内清（1906（明治39）～2000（平成12））。天文学者、科学史学者。

四月廿六日（木）
朝，素粒子学講義

4月27日（金）
午後　三回生演習　Bethe B，高木君

四月廿八日（土）
午前　三回生演習.
小梶君　Zum Problem des statischen
Mesonfeldes

四月卅日（月）
午後　教授会

五月一日（火）
午後　二回生演習　沢田君，大旗君
Sommerfeld 第二回目

独国内務司令ヒムラー　米英に無条件降伏の報あり.
沖縄戦果挙る. 尚激戦続く
ムッソリーニ殺害の報あり

五月二日（水）
午後　量子力学講義
晩　加藤光雄君来訪. 澄子　疲れにて熱7度6分あり　早く寝る

沢田君（5月1日）

沢田克郎。京都大学理学部物理学科。1947（昭和22）年卒業。筑波大学プラズマ研究センター長。「電子ガスの相関エネルギーに関する研究」により第4回仁科賞を受賞。

大旗君（5月1日）

大旗淳。1947（昭和22）年京都大学理学部物理学科卒業。東京工科大学に勤めた。

京都新聞1945年5月4日　ヒットラー死す　ベルリン陥落

五月三日（木）
朝六時の報導［ママ］にて　一昨日ヒットラー薨去^{こうきょ}
デーニッツ元帥後任総統となった由，との
報あり　昨日午後二時
ソビエット軍ベルリン占領の報あり
子供二人　大学本部へ　京都特別科学教育入学
試験に行く　澄子も附添．
物理は荒勝教授出題．化学は田中，生物
は下田，数学は松本　諸教授．

五月四日（金）
登校．
夕方　第一次試験発表　二人共合格

五月五日（土）
登校．
午後，子供二人　第二次試験

五月六日（日）
登校
朝から大学にて　子供第二次試験続き
午後　清水科学局長に面会．

五月七日（月）
登校

ヒムラー （5月1日）

Heinrich L. Himmler（1900（明治33）～1945（昭和20））。ナチス・ドイツの幹部。1945年段階で、ナチ（国家社会主義ドイツ労働者党の略）親衛隊長（1929（同4）年～）、国会議員（1930年～）、警察長官（1936年～）、内務大臣（1943年～）、国内予備軍司令官（1944年～）。第二次世界大戦末期、4月25日にベルリンはソ連軍によって封鎖された。4月28日のBBC放送が「ヒムラーが無条件降伏を申し出た」と放送。ヒトラー総統は激怒して全官職はく奪、逮捕状を出したが、逃亡。5月20日に英国軍に拘束されたのち、服毒自殺。

ムッソリーニ （5月1日）

Benito A. A. Mussolini（1883（明治16）～1945（昭和20））。イタリアのファシズム政治家。1922（大正11）年イタリア王国首相に就任。第二次世界大戦中の1943年7月に国王から解任され、幽閉されたが、ドイツ軍が救出。同年9月に北部イタリアにイタリア社会共和国を樹立して統領に就任したが、1945年4月25日にこの共和国が崩壊。28日にパルチザンに処刑された。

ヒットラー （5月3日）

ヒトラー Adolf Hitler（1889（明治22）～1945（昭和20））。ナチス・ドイツの独裁政治家。1933年首相、1934年総統に就任。ヒトラーによる1939年のポーランド侵攻が第二次世界大戦の始まりとなった。ユダヤ人を組織的に大量虐殺するなど、極端な政治を行った。大戦末期、1945年5月2日のベルリン守備隊の降伏直前の4月30日総統地下壕で自殺。

デーニッツ （5月3日）

Karl Dönitz（1891（明治24）～1980（昭和55））。1910（明治43）年にドイツ海軍入り、第一次世界大戦でUボート艦長として戦い、1936（昭和11）年潜水艦隊司令官。1943年元帥、海軍司令長官。1945年ヒトラーが自殺するとき後継者に指名され5月2日総統に。同7日連合国に降伏、ニュルンベルク裁判で禁固10年の刑。服役後、1956年に釈放された。

五月八日（火）
登校. 特別科学教育国民学校入学者発表
4年　18名. 5年　19名　6年　23名.
計　60名. 中学部　筆答試問
午後　二回生演習　Sommerfeld 第三回
川口君　正路君.

デーニッツ独総統　7日ラヂオを通して
独軍の全面的降伏を公式に発表した.
（ストックホルム七日発特電）
かくて欧州戦争は5年8ヶ月6日を以て
終了.

五月九日（水）
登校. 中学部試験採点

五月十日（木）
登校. 午前採点終了. 夕方　第一次発表

五月十一日（金）
登校. 朝　敵六十機阪神方面に来襲.
大学上空を後約三十機通過.
午前十時半頃より学生控所にて口頭試問
二年, 午後二時過より　三年
六時過　終了.

ベルリン占領（5月3日）
第二次世界大戦の末期、ソ連軍が1945（昭和20）年4月25日にベルリンを包囲。4月30日に、ヒトラー総統の地下壕から500mの地点までソ連軍が迫った段階でヒトラーは自殺。5月1〜2日にベルリン守備隊が降伏した。

川口君（5月8日）
川口修。京都大学理学部物理学科1948（昭和23）年卒業。三菱電機に勤めた。

正路君（5月8日）
正路誠一。京都大学理学部物理学科1947（昭和22）年卒業。京都大学理学部物理学教室に勤務。

五月十二日（土）
登校．午前　一年口頭試問．二時前終了
午後三時　及落会議．三年　30名，二年　26名
一年　30名．

五月十三日（日）　又少し涼しい
朝　林さんを駅へやつて切符買ふ．
午後七時京都発　下り列車に乗る．

五月十四日（月）
朝五時過　広島駅着．直ちに西下氏へ行く．
朝食，一睡（ねむ）りして　文理大に行き，特別科学
教育研究会に出席．木下科学官，三村教授
等に会ふ．中等科物理，数学の授業を見学．
昼食後　懇話会．帰りに三村氏の案内
にて理論物理学研究所，大学研究室をまはり
三村氏の家の辺の爆弾落下の跡を見て
西下邸に帰る．十二時頃就寝．

五月十五日（火）
朝七時半　広島発の列車に乗る．木下氏　内
藤教育官も同車．竹内，蒲池両氏も同車．
夕六時過　無事京都着．雨の中を帰宅．
鳴海君　晩　来訪

文理大 （5月14日）

広島文理科大学。1902（明治35）年設立の広島高等師範学校の専攻科を、1929（昭和4）年に改組して文理学部の単科大学として設置された。主要目的は中等学校教員の養成であり、東京文理科大学と同時発足だった。文理大は、1949（同24）年に誕生した広島大学に含まれて幕を閉じた。

三村教授 （5月14日）

三村剛昂（よしたか）、1898（明治31）～1965（昭和40）。1934（同9）年に量子力学と一般相対性理論の統一を目指す波動幾何学を誕生させた。1936年に広島文理科大学教授、1944年に創設された理論物理学研究所の初代所長。1945年8月6日の原爆被爆による後遺症が長年続いた。研究所は、1990（平成2）年に京都大学基礎物理学研究所と合併。

京都新聞1945年5月15日　B29 400機名古屋へ

五月十六日（水）
登校. 午後　講義

五月十七日（木）
登校. 講義. 昼前　理学部長室にて文部省
刈田氏と物理科学教育に就き懇談
夜　画帖に昭和十六年までの歌61首を
書き記す

十五日の報によれば　沖縄本島の敵，首里郊
外突入. 現在まで　人員殺傷4万3千5百.
名古屋へ　B29　100機　本日未明来襲.

五月十八日（金）
登校.
午後　Eckardt, Eversmeyer両氏来室

五月十九日（土）
朝　三回生演習　高木君, Tomonaga,
Zur Theorie des Mesotrons II.　続き
午後　理論談話会. 荒木君. 核粒子の磁気能率.

五月廿一日（月）
午前十時より一中にて特別科学教育開校式
午後二時より教授会.

1965(昭和40)年　朝永振一郎氏(右)とともに日本学術会議にて
(共同通信社)

Tomonaga （5月19日）

朝永振一郎（1906（明治39）～1979（昭和54））。理論
物理学者。中学、高校、大学が湯川と同じ。高校3年
から湯川と机を並べた。東京教育大学学長、日本学術会
議会長などを歴任。量子電磁力学のくりこみ理論でノーベ
ル物理学賞。湯川とともに、パグウォッシュ会議、科学者
京都会議で活躍。

五月廿二日（火）
登校

五月廿三日（水）
午後　講義

五月廿四日（木）
午前　講義. 十一時より　物象打合せ会. 荒木,
田中, 田久保, 竹内, 野間, 西崎, 谷井　出席

五月廿五月（金）
午前十時より　主任会議. 新入生勤労動員の件.
午後教室へ報告.
○廿四日午後一時卅分より　B29　250機帝都
空襲, 宮城御苑等に盲爆.

五月廿六日（土）
登校. 三回生演習. 小山君, Tomonaga　続
き, 午後　国井氏来室.
午後　矢倉氏と川田さんのお宅訪問. 七時前
暗くなつたので急に辞去.
25日22時30分より　2時間半に互り　B29　約250機
帝都を焼夷爆撃. 宮城表宮殿　大宮御所炎上.
三陛下, 賢所　御安泰. 秩父宮, ‥‥等 御殿全焼
麹町, 渋谷, 小石川, 中野, 牛込, 芝, 赤坂　各区に
相当の被害あり. 麻布, 目黒, 四ッ谷, 板橋, 京橋,
世田ヶ谷, 荒川　各区の一部に火災発生. 外務省,

物象〔5月24日〕
旧制度の中等学校で、物理・化学・鉱物学などを横断した教科。

宮城〔5月25日〕
皇居。

文理科大学等，各外国大公使館等炎上．

5月28日（月）
登校．十一時頃　敵一機　京都偵察．木村教授来室．荒勝教授より
　　戦研
（37の2　F研究）決定の通知あり

5月29日（火）
登校．朝　散髪．
昨日　海軍省より"神雷特攻隊" 332勇士
の武勲．全軍に布告せる旨発表あり．
午後　新一回生（中，物理24名）舞鶴へ
勤労動員に出動．

5月30日（水）
登校．核分裂談話会，小林，野間．
Gamow, Thermo-nuclear Reaction
続き．
昨朝　B29　500機横浜市等に来襲．
急に夏らしくなつて来た．

5月31日（木）
登校．午後　茂樹氏，三好達治氏同伴来室．
四時から　白銀氏と玉城先生お墓詣り［ママ］．国井氏
も一緒になる．

京都新聞1945年5月29日　神雷特攻隊

核分裂談話会（5月30日）
4月18日の核分裂研究会のなかの会。（解説220ページ
以降参照）

三好達治（5月31日）
三好達治（1900（明治33）～1964（昭和39））。大阪出
身。詩人。陸軍士官学校中退後、第三高等学校で湯川
の次兄貝塚茂樹のクラスメート。1928（同3）年東京大学
仏文科卒。在学中から詩作を始めた。1944年から1949
年まで福井県三国町（現・坂井市）で暮らす。

6月1日（金）
登校. 今朝　B29, 400機　大阪へ来襲. 焼夷
弾投下. 撃墜破　130機. 午後から曇つて
来て，日も赤く濁る.
午後四時　つるやにて川西機械の招待会.
出席者　教授約30名. 8時過帰宅.

6月2日（土）
雨. 登校
午後　教室相談.

6月3日（日）

6月4日（月）
登校.

6月5日（火）
朝早く空襲警報. 阪神へB29,　350機来襲
焼夷弾投下. 芦屋市より神戸港に互り火災発
生. 50機余撃墜,　150機撃破.
八時過登校.
午後　江夏君来室

6月6日（水）
登校. 気圧下る. 午後量子力学講義
夕方より風激し

川西機械〔6月1日〕
川西機械製作所。海軍の航空機を造っていた。

6月7日（木）
登校．敵機大阪北部に爆弾投下，大いにひゞく
午後　雷雨あり

6月8日（金）
登校　午後主任会議，西田幾多郎先生
逝去の報あり

6月9日（土）
朝　警報発令．敵機　B29　130．鳴尾・明石に
爆弾投下．登校．十一時教室相談　雑誌疎開の件など
午後　坂田君来室，御影の御宅5日の空襲
で焼失．南禅寺に避難．
夕，芭蕉会にて森速記研究所へ行く，9時過ぎ
帰宅
沖縄戦局　愈重大化，臨時議会初まらんとす［ママ］．

6月11日（月）
登校．大分夏らしくなる．気温　25度まで
上る

6月12日（火）
登校．今日から入梅，終日雨降る

6月13日（水）
登校．午後講義
小林君　6月5日教授発令の由．

西田幾太郎 （6月8日）

西田幾太郎(1870(明治3)～1945(昭和20))。哲学者。
石川県出身。東京大学卒。1913(大正2)年京都大学教
授。1928(昭和3)年定年退官、座禅、思索などに没頭し「善
の研究」で根本思想を確立、ドイツ観念論の影響の上に
東洋的色彩の濃い「西田哲学」をつくりあげた。湯川は学
生時代に「哲学概論」の講義を毎週聴いたことがあり、後
に京都や鎌倉の西田の家をたびたび訪ね、「歩々清風」と
書かれた西田の額を、生涯自宅にかけていた。6月7日永眠。

京都新聞1945年6月8日　西田幾多郎死去

6月14日（木）
登校．素粒子学講義
小野健一君　東京より帰る．

6月15日（金）
朝から空襲警報発令．大阪方面へ敵機多数
来襲，
午後　三回生演習　Bethe, Nuclear Physics, B.
XI.　a-Radioactivity　小山君．

6月16日（土）
登校　三回生演習
安藤君, Wentzel, Statishes Mesonfeld
午後　主任会議．建物取毀（こわし）, 疎開の件

6月18日（月）
登校
午後　教室相談　主任会議の報告等．
吉田，内田，小林，田中各教・助教授出席．
石山艇庫へ疎開の箱　雑誌荷造り．
内田さんの助力で開始．
閑院宮殿下（かんいんのみや）　国葬御儀取行（とりおこな）はせらる．

6月19日（火）
登校

小野健一君（6月14日）

小野健一（1919（大正8）年～2010（平成22））。東京大学理学部物理学科卒業。東京大学教養学部教授。素粒子論・科学史を専攻。レオナルド・ダ・ヴィンチ『鳥の飛翔に関する手稿』（岩波書店、1979）の翻訳（谷一郎、斉藤泰弘と共訳）によりマルコ・ポーロ賞を受賞。

同年6月19日　閑院宮葬儀

石山艇庫（6月18日）

1906（明治39）年に創設された京都大学体育会ボート部の、琵琶湖の南端の大津市蛍谷に1936（昭和11）年に完成した艇庫、合宿所。

6月20日（水）
登校. 午後外国学生特別講義打合せ, 総長室

6月21日（木）
午後教室相談　疎開の件など

6月22日（金）
昨夜　空襲警報出づ
朝　又　空襲警報　広島, 呉, その他各地へ
B29　多数来襲. 登校.

6月23日（土）
朝　駒井部長を訪問. 科学々級疎開の件相談
三回生演習. 小山君, Wentzel　続き.
午後　戦研　F研究　第一回打合せ会, 物理会議室
にて. 荒勝, 湯川, 坂田, 小林, 木村, 清水,
堀場, 佐々木, 岡田, 石黒, 上田, 萩原各研
究員参集.
廿二日　戦勇兵役法［ママ］公布実施
上諭を賜う
沖縄部隊　尚　島尻地区にて奮戦

6月24日（日）雨降る
午後　雨中を深泥池に行く

閑院宮殿下（6月18日）
閑院宮載仁（ことひと）親王（1865（慶応元年）～1945（昭和20））。江戸時代中期から続く皇族家の6代目。1912（大正元）年陸軍大将、1920（同9）年元帥（げんすい）。1931（昭和6）～1940年の間参謀総長。1945年5月20日永眠。

外国学生特別講義（6月20日）
京都大学学生課からの依頼によって、湯川は京都大学に留学している中国やアジア各地からの全留学生を対象にした夜間講義「近代における物理学の発達」を7月27日と28日に行った。この時の速記に手を加えた記録が、湯川秀樹『自然と理性』（秋田屋、1947年2月25日発行）に掲載されている。

戦勇兵役法（6月23日）
これは湯川の書き誤りで、正しくは義勇兵役法。1945（昭和20）年6月22日に公布され、即日施行された。連合軍の本土上陸に備えて、15～60歳の男子と17～40歳の女子は義勇兵役の義務があるとされ、国民義勇戦闘隊に編入されることになった。明治以来日本では1873（明治6）年の陸軍省徴兵令と1927（昭和2）年の兵役法によって20～40歳の男子は義務として兵役の対象とされ、1943（同18）年に19～45歳に拡大されていた。沖縄戦では、陸軍省令で14～19歳の男子と15～19歳の女子が動員された。沖縄にあった中等学校21校のすべての学校ごとに部隊が編成され、男子生徒は戦闘に参加させられ、女子生徒は主に病院に動員された。

上諭（6月23日）
1986（明治19）年から1947（昭和22）年の日本国憲法施行日までの日本では、法律や勅令などを公布するにあたり、その冒頭につけて天皇の裁可を表示した言葉。

6月25日（月）曇後晴
午後　教授会
大本営発表　沖縄方面最高指揮官牛島中将6月20日
敵兵力に対し最後の攻撃を実施.
秋を待たで　枯れ行く島の青草は　皇国(みくに)の春に甦(よみがえ)らなむ
矢弾尽き　天地(あめつち)染めて散るとても　魂(たま)がへ［ママ］魂(たま)かへりつつ［還りつつ］
皇国(みくに)護らむ
敵沖縄上陸以来三ヶ月人員殺傷　8万，艦船撃沈破
600隻

6月26日（火）
朝　駅にて東京行切符を買ひ，大学へ行き午後
帰つて来たが，余り疲労が激しいので休養
出発を見合す

6月27日（水）
午後　駅に行く，漸く18時8分発　東京行きに乗
りこむ.

6月28日（木）
朝7時過東京着，満月の焼野原を西片町
竹内さんの家に辿りつく．大学冶金，東片町をまはつて
見る．ふくさんだけ居る．大学物理
教室にて昼食．小谷さん，西川さんに
面会，十月転任の件，承諾の意を表す，
併し矢張りどうしても行きたくない.
志村清水町まで歩き清水さんの御宅

矢弾尽き…（6月25日）

6月26日の新聞によれば「矢弾尽き　天地（あめつち）染めて散るとても　魂（たま）がへり　魂（たま）がへりつつ皇国（みくに）護らむ」となっている。「がへり」は」「還り（かえり）」。

京都新聞1945年6月27日　西陣空襲

を訪問. 留守. 竹内さん方で夕食
東片町の離れへ泊めて貰ふ.

6月29日（金）
朝五時家
を出て　兄の見送りで　新宿から　中央線
に乗車. 大変な人だが　どうやら乗り
こむ. 正午頃冨士見着. 坂田君
出迎へ. 焼け野原から美しい
高原に来て　不思議な位なつかしい.
冨士見国民学校へ行く. 午後名大学生達
と雑談. 散歩して左知夫, 赤彦の歌碑など見る.
坂田さんのお母さん, 妹さ
んの疎開先で夕食を御馳走になり,
岩波別荘へ泊る. 留守番のオビさん
御父母の御接待を受ける.

6月30日（土）　昨夜から雨降り続く
朝6時28分発長野行に乗車. 塩尻で
名古屋行に乗りかへ, 九時前無事帰宅.

7月1日（日）
沖縄守備司令長官, 牛島中将, 長少将　割腹の報
あり

冨士見、冨士見国民学校 （6月29日）

冨士見は長野県富士見町のこと。冨士見国民学校は現在の富士見町立富士見小学校の前身。ルーツは1873（明治6）年に始まり、合併・吸収を経て、1941（昭和16）年に冨士見国民学校となった。第二次世界大戦中の名古屋空襲で名古屋大学の学生に被害が出たため、有山兼孝研究室と坂田昌一研究室は冨士見国民学校に疎開した。

左知夫、赤彦の歌碑 （6月29日）

アララギ派歌人の伊藤佐千夫と島木赤彦の歌碑。富士見小学校の隣の富士見公園にある。佐千夫の碑は1922（大正11）年に建立され「さびしさの　きわみにたえて　あめつちに　よするいのちを　つくづくおもふ」と書かれ、1937（昭和12）年の赤彦の碑には「みずうみの　こほりはとけて　なをさむし　みかづきのかげ　なみにうつろふ」（原文は万葉仮名）と刻まれ、（斎藤）茂吉書とある。佐千夫はこの地を前後9回訪れており、富士見公園は佐千夫の提唱でつくられたといわれる。

同6月30日　牛島満中将、長勇少将自決

7月2日（月）
登校．東京帝国大学へ転任の件　西川・清水両教授へ
辞退の手紙書く

7月3日（火）
登校

7月4日（水）
登校．午後　駒井学部長に面会，東大の件話す．

7月5日（木）
登校．午後　外務省小川書記官　沢山氏来室

5月末現在　都市被害状況

戦災都市	戸数	人数
東京都	76萬7千	310萬
大阪市	13.	51
横浜市	13.2	65
名古屋市	9.6	58
神戸市	7.	26
計	119萬5千戸	500萬人

6月以後焼夷爆撃状況
6月17日　鹿児島市，浜松市，大牟田市，四日市市
　　19日　福岡市，豊橋市，豊川，静岡市
　　22日　呉市，四日市市．
　　26日　名古屋市，各務ヶ原，大阪市，徳島市，

都市被害状況　焼夷爆撃状況（7月5日）
一般にはここまでの情報は伝えられていない。湯川はこの
日に訪問を受けた外務省職員から聞いたのであろうか。

四日市市.

29日　門司市, 下関市, 佐世保市, 岡山市.

7月　1日　呉市, 熊本市, 関門, 宇部市, 延岡市.

2日　海南市.

4日　姫路市, 高松市, 徳島市, 高知市.

9日より⎞　和歌山市, 堺市, 大阪市南部, 高知市, 徳島市
10日　⎠　仙台市, 岐阜市, 四日市市.

7月6日（金）

登校.

午後　教室相談.　建物破却の件など

7月7日（土）

午前　三回生輪講.

小梶君.T. Muto and Yamasita？ Nogami,

On the Inelastic Scattering of Fast Neutrons

accompanied by the Excitation of Nuclei

(Sc. Pap.⋯)

liquid drop model

$\sigma_{Ag} \sim$　2〜4 X 10^{-24}　cm^2

hν_2 = 1.8 MeV

γ-ray emission

7月9日（月）

登校. 俣野君, 千田君来室

建物破却（7月6日）
1944（昭和19）年7月、防空法に基づいて内務大臣から
建物疎開の命令が出された。空襲による火災の延焼を防
ぎ、被害を軽減するために、密集地に建物を除いた防火
帯を造るためである。京都市内では22の地区に、法に基
づき知事から密集地の建物除却命令が発せられ、所有者
は自ら破却するか、知事へ譲渡した。建物疎開とも呼んだ。

Sc. Pap.⋯（7月7日）
理化学研究所発行の欧文学術雑誌。Scientific Papers of
the Institute of Physial and Chemical Research を省略して
書いた。

7月10日（火）
登校
午後 附属へ行き　科学学級児童にお話し.

7月11月（水）
登校. 午後講義，秋田屋　斉藤，八束両君引
続き来室

7月12日（木）　雨，又涼しくなる.
午前講義
午後三時半より　赤外談話会
荒木源太郎君，　電子対結合
　　　　　　　　方向原子価

7月13日（金）
夜半　雨激し，朝はよく晴れる，未だ涼しい
登校
午前　三回生演習. 小梶君，Bethe
Nuclear Physics B.　XIII.　Disintegration
by charged Particles.

7月14日（土）
午前　三回生演習，高木君.
Wentzel，続き.　II.　Die Kernkräfte

B29百機若狹灣投雷
一部は敦賀に燒夷彈

中部軍管區司令部、大阪警備府發表

東海、東部管區も
油斷ならぬコソ泥的僞騙行動

東郷外相奏上

堺にも投彈

大垣、一宮 東海軍管區司令部發表

東部軍管區へ百四十機　東部軍管區司令部發表

京都新聞1945年7月14日　B29百機若狹湾投雷

91

7月16日（月）　雨，登校.
午後一時　教室相談.

7月17日（火）　雨.
午前零時　防空当番の時間中に空襲警報出で
拍子木を打つて町内を一順［ママ　一巡］する.
登校の途中で散髪する
晩　北洋会　帰途物凄い豪雨にて腿のあたり
までずぶ濡れとなる.

7月18日（水）
登校.（午後　秋田屋，大塚社長，齋藤氏　来室?）
子供二人　風邪気に発熱.　学校を休み居る

7月19日（木）
登校

7月20日（金）
登校
午後　特別科学教育班，附属にて会合

7月21日（土）　午前雨，涼し
朝七時過家を出て　京津電車にて琵琶湖ホテル
に行く，雨の中を歩く.　帰りは月出で　九時帰
宅

防空当番 （7月17日）

1940（昭和15）年9月11日に内務省が訓令した「部落会町内会等整備要領」（隣組（となりぐみ）強化法）によって、5軒から10軒の世帯を一組として隣組が作られ、住民動員や物資の供出、統制物の配給、空襲に対する防空活動などを行った。そのひとつが灯火管制実施状況の確認のための防空当番だった。（1月25日、2月10日の註参照）

京津電車 （7月21日）

1923（大正12）年に京津（けいしん）三条駅（京都市）から浜大津駅（滋賀県大津市）までの11.0kmが京津電気軌道株式会社により全線開通。企業合併・分離を繰り返し、現在は御陵（みささぎ）駅（京都市）からびわ湖浜大津駅の間の7.5kmが京阪電鉄浜大津線。御陵駅で京都市営地下鉄東西線に乗り入れて直通運転が行われている。

琵琶湖ホテルに行く （7月21日）

この日琵琶湖ホテルでF研究の最後の会合が開かれ、湯川は中立国からの資料をもとに「世界の原子力」と題する報告を行った。琵琶湖ホテルは1934（昭和9）年に大津市柳が崎（やながさき）で開業。1998（平成10）年に閉館し、建物は保存を望む多くの声に応えて、大津市が耐震と改修の工事を行い「びわ湖大津館」として新たに出発。ホテルは浜大津に移転した。（解説221ページ参照）

7月22日（日）
午前　家居．鹿内君来訪．
午後　木田氏父娘の案内にて　曼殊院に行く
山本氏の好意にて護摩堂を借りることにする
六時前帰宅．

7月23日（月）
登校．朝　教室相談
午後　教授会．

7月24日（火）
朝から警報が続く．敵機動部隊　中部軍
管区に近づき，大型機700余　小型機1300余　取りまぜ延べ
約二千機　来襲．終日行動．沖縄のB29
も初出撃．マリアナ，硫黄島の敵機と協力
小型機は小型爆弾，ロケット爆弾により，又，B29
は大型爆弾にて　大阪その他　広範囲に互つて
軍事施設，工場，港湾に精密爆撃せり．

7月25日（水）
登校．午後　講義

7月26日（木）
登校．講義を休んで　講演準備．
午後　研究室疎開相談．

94

機千二へ西以海東

近畿へ八百五十

艦上機にＰ51、Ｂ29も呼應

機動部隊南方に游弋

中部軍管區司令部大阪警備府發表（廿五日午前六時三〇分）（一）二十四日夜、北九州、

父島に艦砲射撃

舟山島に二百機

廿三日黎明から數時間、巡洋艦または驅逐艦四乃至五隻は父島に對し艦砲射撃を加へたる模樣なり

舟山島に約二百機、Ｐ51機とみられる

太平洋への
兵力輸送難

歐洲の敵撤移動

京都新聞1945年7月25日　近畿へ八百五十

7月27日（金）
登校　午後武居弘ちやん入営送別会に行く
六時から　外国人留学生特別講義第一回

7月28日（土）
登校．朝，俣野・千田両君来室
午後　附属科学学級疎開の相談にて班の幹事
会あり　六時から特別講義第二回
（近代に於ける物理学の発達）

Potsdam会談後　米英重慶共同声明発表
それによると、以下の条項はわれわれの課すべき降
伏の条件である．われわれはこの条件を固守する
他に選択の余地はない．猶予することはない．
1.　世界征服を企てるものの権威と勢力は永久に
　　芟除［除去］せらるゝこと．軍国主義を駆逐すること．
1.　日本領土中連合軍により指定せられる地点
　　はわれわれの目的達成確保のため占領せらるゝこと．
1.　カイロ宣言の条項は実施せらるべく日本の主権
　　は本州，北海道，九州，四国およびわれわれ
　　の決定すべき小島嶼に限定せられること．
1.　日本の兵力は完全に武装を解除せられること．
1.　戦争犯罪人は厳重に裁判せられること．日本政府
　　は日本国民の民主主義的傾向を復活すること．日本
　　政府は言論，宗教及び思想の自由並に基本的
　　人権の尊重を確立すべきこと．
1.　日本に留保を許さるべき産業は日本の経済を

武居弘ちゃん（7月27日）

甥の武居弘量。1月9日の註参照。

外国留学生特別講義（7月27日／7月28日）

6月20日の註参照。

對日三國共同宣言黙殺

帝國の決意搖がず

飽まで既定方針完遂

閣議に報告

米の獨り芝居

同7月28日　ポツダム宣言黙殺

維持しかつ物による賠償を支払ひ得しむるものに
限られ，戦争のための再軍備を可能ならしめる如き
産業は許さぬこと．この目的のため原料の入手は許
可せられること．世界貿易関係に対する日本の参
加はいづれ許さるべきこと．
1. 連合国の占領勢力は以上の目的が達成され，
かつ日本国民の自由に表明せられたる意思にもと
づく平和的傾向を有する責任政府の樹立を見た場
合に撤廃せられること
1. 日本政府は即刻全日本兵力の無条件降伏に
署名し，かつ適当なる保障をなすこと．しからざる
に於ては，たゞちに徹底的破壊をもたらすこと．

7月29日（日）

7月30日（月）
登校　中村誠太郎君来室　午後　理学部紀要　編纂_{へんさん}の会．

7月31日（火）
登校　午後教室相談．助教授候補者，
教授候補者の件

8月1日（水）
朝　宇津村　中地　岡本氏，□切氏　来室．
疎開の件打合せ，午後講義　駒井部長来室

Potsdam 会談後米英重慶共同声明 （7月28日）

ベルリン郊外のポツダムでは、7月17日から8月2日まで米・英・ソ連の3国首脳が集まって。ドイツ降伏後の戦後処理を議論する会談が開かれていた。7月26日にはポツダムで米・英・中華民国首脳による13条の「日本への降伏要求の最終宣言」（ポツダム宣言といわれる）が発表された。対日宣言はポツダム会談の議題にはなく、米国が作成した原案に対し、英国と、無線で連絡をとった中華民国の修正が加えられて、米国のトルーマン大統領によって発表された。ソビエト連邦は8月9日の参戦に際しポツダム宣言に参加した。

湯川はこの声明を購読していた朝日新聞から書き写した。「永久に芟除せらるゝこと」は、英文では There must be eliminated for all time であり、京都新聞は「永久に除去し」と報じた。

8月2日（木）
朝　登校　講義
午後　教室相談.

8月3日（金）
午後　一中にて特別科学教育打合せ会.

8月4日（土）
午前　三回生演習. 小梶君
Wentzel, Statisches Mesonfeld　終り.
午後　山田君　来室

8月6日（月）
一昨日頃から急に暑くなる. 夜も蒸暑くて
寝られぬ程. 朝27〜8度. 日中は32〜3度
位か.
午後　教授会. 終って　京都師団との連絡会.

8月7日（火）
風邪気で頭痛がするので家に居る. 明日子供等
集団疎開なので　何かと慌ただしい.
午後　朝日新聞, 読売新聞　等より広島の新型
爆弾に関し　原子爆弾の解説を求められた
が　断る.

8月8日（水）
朝3時から起きて　子供等の出発準備.

一中（8月3日）
湯川の出身の京都府立京都第一中学校。現在の京都府
立洛北高等学校の前身。当時は京都帝国大学、第三高
等学校、一中が東大路の東側の北から南に並んでいた。

集団疎開（8月7日）
空襲による被害を防ぎ、減少させるため、都市部の住民
や工場などを退避させることを疎開といった。政府は国民
学校初等科（現在の小学校に相当）3〜6学年の学童の、
家族や個人単位での親戚知人などを頼る自主的な「縁故
疎開」を奨励したが、親と離れて学校単位の集団で疎開
させることも多かった。1944（昭和19）年7月の段階では
東京、神奈川、大阪、兵庫、愛知、福岡が対象だったが、
空襲が中小都市に広がるのに応じ疎開の範囲が広がった。

新型爆弾（8月7日）
8月6日の広島、8月9日の長崎に投下された原子爆弾。
ウランとプルトニウムの原子核が分裂するときに莫大なエネ
ルギーと放射能を放出し、さらにこわれた破片から遅れて
出る放射能もあって、無差別に巨大な惨害を引き起こす非
人道的大量破壊の核兵器であり、戦争における初めての
使用だった。死者の正確な数はわかっていないが広島で
14万人（年末まで）、長崎では7万人以上と推定されてい
る。日本時間7日午前1時半ごろトルーマン大統領は放送
で「原子爆弾を投下した」との声明を発表した。新聞記
者が湯川に解説を求めたのはこの情報を入手したためと考
えられる。理化学研究所と京都大学の研究者が放射能を
確認し、原子爆弾と結論し、日本政府は中立国スイスを
通じて、米国政府に非人道兵器だと抗議したが、戦争終
結まで政府と軍が「原子爆弾」という表現を使うことはなか
った。（解説209ページ以降参照）

4時半頃　母に連れられて家を出る.
6時40分発の山陰線で　下山まで行
き, そこから　須知農林学校まで歩く由.
登校. 午後　講義したが　気分が悪いので
早く帰る

8月9日 (木)
少し熱があるので家に居る.
忍さん来る.
澄子　朝　附属の後援会に出席. 帰ったら
熱八度あり　寝る.

六日広島に投下した新型爆弾の威力は熱線が全体で
数粁 [km]に及ぶといはれてゐる. 落下傘で吊し
地上数百米 [m]にて爆発と新聞はいふ

八月八日夜　ソ連　帝国に対し戦闘状態に入る旨最
後通牒を発す. 九日　満ソ国境東部及び西部より
越境. 北満, 鮮を爆撃.
　モトロフ外務人民委員は佐藤大使に対し八日夜
宣言を通達. その正文は次の如し
ヒットラー・ドイツの敗北並びに降伏の後　日本は依
然として戦争の継続を主張する唯一の大国となった
武装兵力の無条件降伏を要求した今年七月廿六日の三
国　即ち　アメリカ合衆国, イギリス　並支那の要求は日本
の拒否するところとなつた. 従つて極東戦争に対する
調停に関するソ連に宛てられた日本政府の提案は一切

須知農林学校 （8月8日）

須知の農林学校は、現在京都府船井郡京丹波町豊田にある京都府立須知高等学校の前身。1876（明治9）年に京都農牧学校が創立され、変遷を経て1923（大正12）年から1948（昭和23）年まで京都府立農林学校だった。第二次世界大戦末期には、京都市内を中心にした多くの学童の集団疎開先になった。ここは1901（明治34）年から1955（昭和30）年まで須知町だった。その後合併と町名変更があり、丹波町を経て、2005（平成17）年から今日の京丹波町になっている。

敵焦慮の新型爆弾

我が戦意低下狙ふ

對策あり、踏潰さん暴虐の魂膽

戦爆三百六十数機

三軍管區へ侵入す

原子爆弾

敵米英必死で研究

京都新聞1945年8月9日
新型爆弾（原子爆弾）

の基礎を失つた　日本の降伏拒否を考慮し連合国
はソ連政府に対して日本の侵略に対する戦争に参
加し　戦争終結の時期を短縮し　犠牲の数を少くし全
般的和平を出来る限り速かに克服することを促進する
様提案した　ソ連政府は連合国に対する自国の義
務に従ひ　連合国の提案に［ママ］受諾し　本年七月廿六日の
連合各国の宣言に参加した．ソ連政府においては
自国の政策の右針路が平和を促進し各国民を今
後新たな犠牲と苦難から救ひ日本国民をして
ドイツが無条件降伏を拒否したる後被れる危険
と破壊を避けしめ得る唯一の方途と思惟する．
以上に鑑みソ連政府は明八月九日より日本と戦争状態
に入る旨宣言す　云々

8月10日（金）

8月11日（土）

8月13日（月）
午後一時　理学部長室にて会議．
午後四時　原子爆弾に関し荒勝教授より広島実地見聞報告

8月14日（火）
登校．

8月15日（水）
登校　朝　散髪し　身じまひする．

最後通牒 （8月9日）

1941（昭和16）年4月に調印された日ソ中立条約の期限は5年だった。ソ連は1945年4月5日に、翌年に期限終了となるこの条約を破棄する（延長しない）と日本側に通告していた。湯川が克明に写し取ったのは9日の新聞に載った8月8日の最後通牒である。

荒勝教授より広島実地見聞報告 （8月13日）

荒勝文策（1月19日の註参照）は、8月8日午後に広島の被爆について京都の陸軍の司令部と話し合い、荒勝研究室が調査団を組織して9日の夜行列車で広島に調査に行くことを決断した。理学部班7人と医学部班4人で荒勝が団長となり夜9時半京都発の広島行き列車で出発したが、西宮空襲の影響で広島についたのは10日正午前だった。資料を収集し、「陸、海軍合同特殊爆弾研究会」に出席し、夜行列車で11日午前11時半ごろ京都につき、直ちに放射能測定を開始した。ベータ放射能を確認したが、ウランの核分裂によるものかどうかを確認するために再度調査団を送ることとし、12日晩に第2次調査団9人が広島に向かった。湯川は荒勝の報告を翌日初めて聞いた。

聖上陛下の御放送 （8月15日）

聖上陛下とは昭和天皇のこと。日本政府はポツダム宣言を受諾して連合国に無条件降伏することを決定し、8月14日付の「大東亜戦争終結ノ詔書」を昭和天皇が読み上げて録音し、8月15日正午からこの録音を使ってラジオ放送で国民に発表した。詔書とは天皇の発表する公文書のことである。戦争終結を掲載した新聞は午後になってから配達された。京都新聞などの地方紙はこの日発行されなかった。天皇の声がラジオ放送されたことはこれ以前にはなく、「玉音放送」と言われた。

正午より 聖上陛下の御放送あり
ポツダム宣言　御受諾の已むなきことを
御諭（おさと）しあり.
大東亜戦争は遂に終結

8月20日（月）
教授会.

8月23日（木）
夕方　澄子　帰宅.

8月24日（金）
朝　書物を運ぶ.
午後　特別科学教育の会.

大東亜戦空襲被害総計
死者　26萬人　傷者42萬人
$\begin{bmatrix} 全焼全壊221萬戸 \\ 半焼半壊9萬戸 \end{bmatrix}$　罹災者920萬人
大なる被害を受けたる都市　81都市（206都市中）
府県庁所在地にて大なる被害を受けざりしもの
16都市（札幌,　盛岡,　秋田,　山形,　福島
浦和,　新潟,　金沢,　長野,　大津,　京都,　奈良
鳥取,　松江,　山口,　宮崎.）

大東亜戦争 （8月15日）

1941（昭和16）年12月8日の米英への宣戦布告から1945年8月14日の無条件降伏に至る戦争を日本では大東亜戦争と呼んだ。それまで支那事変と呼んで中国と続けた戦争も、大東亜戦争に含めることにした。戦後日本を占領した連合軍は、「大東亜戦争」を使うことを禁止し、以前から米国で使われていた「太平洋戦争」を使うように指令した。

戦災者九百廿萬
家屋燒失は二百卅萬

大東亜戦争勃発以来敵空軍によるわが本土空襲一般状況に関して防衛総本部では全般にわたり一般被害の詳細につき調査中であるが、廿三日現在までに判明せる概況総計は死者約廿六萬名（うち原子爆弾による死者約九萬）、傷者約四十二萬名（うち原子爆弾による傷者約十八萬）死傷者総計六十八萬名に達してゐる、同じく家屋の全焼全壊は約二百卅萬戸、罹災者は実に約九百廿萬名（罹災者を含む）を数へ、勉々人口の約六分の一が罹災焼死を被つてゐる、次に

これを地域別に見ると
　秋田、山形、石川、長野、滋賀、京都、奈良、兵庫、鳥取及び島根の九府県が比較的大なる空襲被害を受けなかつただけでその他の府県別に見ると各種軍用飛地（都市以外）の被害もかなりの被害を受けてゐる

都市別の被害でありわけ東京、大阪、名古屋等でをりのうち都市が空襲命令の標的にせるあのは東京、横浜、神戸、横太を除く）二百大都市中約三割以上を遥失又は損壊した都市は八十二都市で、就中その大牢を遥失した都市は次の四十四都市である

　青森、水戸、日立、宇都宮、前橋、富山、八王子、福須、川崎、岐阜、甲府、静岡、刈津、豊橋、清水、名古屋、四日市、桑名、神戸、姫路、尼崎、明石、西宮、和歌山、岡山、廣島、高松、松山、長崎、鹿兒島、長崎、熊本、鹿兒島、大分、福井、徳島、高知、青森、岡山、佐世保、熊本、福井

　従つて罹災個所在地の都市で大な被害があったかを如何に如実に物語つて

　十三都市にすぎず、遥失の如何に燐接であったかを物語に物語つてゐる

　札幌、静岡、秋田、山形、福島

京都新聞1945年8月24日　戦災者920万

8月25日（土）
午後　教授会.
夜に入つて風雨強. 台風通過らし

8月27日（月）
登校.

8月28日（火）
連合軍先遣空輸部隊150名　厚木飛行場に着陸.
登校

8月29日（水）
午後　附属にて科学学級父兄会.

8月30日（木）
朝　駒井部長室に行く
午後　四時　連合国軍総司令官マックアーサー
元帥　横浜着. ニュー・グランドホテル
に入る.

8月31日（金）　雨
登校

9月1日（土）　雨　急に涼しくなる
登校. 朝　三回生演習. 小梶君
Wentzel, Vektormesontheorie 第二回
午後　本田事務局長と面会.

教授会 （8月25日）

25日の理学部教授会で、湯川はB5判の粗末な用紙2枚の両面に763字のメモを残した（理学部としての正式議事録は残されていない）。この会議では、文部省から焼却すべき書類の具体的範囲について詳細な指示があったことが事務局から報告された。また9月3日に授業を開始することも決定された。（解説214ページ参照）

“豫定通り進捗”
マッカーサー元帥第一聲

同8月31日　マッカーサー厚木到着

9月2日（日）
終日家居
本日午前九時　東京湾に停泊せる戦艦ミズリー［ママ］
号上にて　ポツダム宣言に基づく降伏文書
の調印式行はれたり.

9月3日（月）
登校.　午後　教室相談

9月4日（火）
第八十八,　終戦報告議会　開院式
登校.

9月5日（水）
登校.　朝永君　午後　主任会議
午後より晩にかけ　森速記研究所で
芭蕉会最終会.

9月6日（木）
登校.　素粒子学講義終了.
午後　教室相談.　小山同志社工専校長
来室.

議会終戦報告
残存航空機　陸　約一万,　海　五千八百.
死傷　　　　陸　約492万（うち死者35万）
　　　　　　海　15万（但し死者及び行方不明）

降伏文書の調印式（9月2日）

東京湾の横須賀沖に停泊するアメリカの戦艦ミズーリ号の甲板で降伏文書への署名が行われた。署名したのは、日本の政府を代表して外務大臣重光葵、軍を代表して陸軍参謀総長梅津美治郎、連合国側は連合国軍最高司令官マッカーサーと、アメリカ、中華民国、イギリス、オーストラリア、カナダ、フランス、オランダ、ニュージーランドの代表だった。

航行可能数　戦艦　　0　（残存4）
　　　　　　航空母艦　2　（残存6）
　　　首相宮施政方針
1. 言論の自由.　　2. 復員軍人，産業要員の援護厚生.
3. 国民生活の安定.　4. 食糧対策
5. 住宅対策　　　　6. 衣料対策
7. インフレ対策　　8. 失業問題
9. 教育文化の建設.　10. 産業の転換復旧.

　　　　　日銀発券高
昭和十五年末　　　　　48億円
昭和20年8月15日　　　303億円.
　　　　　国債
7月末　千百四十億円.

　　　　　原子･爆弾損害
　　　　　広島　　　　　長崎
死者　　　七万名　　　　二万名
負傷者　　十三万名　　　五万名
全焼全壊　六万二千戸　　二万戸
半焼半壊　一万戸　　　　二万五千戸
罹災者　　十万名　　　　十万名

9月7日（金）
登校. 小谷氏来室.
午後　小松氏来室.
午後五時　本田事務局長宅に行く. 九時

戰死五十一萬

大東亞戰爭の損亡發表

家屋被害二百四十四萬戸

死傷五十五萬、罹災八百四萬餘

陸軍關係

海軍關係

京都新聞1945年9月6日　戦争被害報告

帰宅.

9月8日（土）
登校. 午前　三回生演習.（小梶，高木出席）
高木君，Vektormesontheorie　B.　f＝0の場合.
§4〜§5.

　　　　首相宮へ尾崎行雄氏の意見書
1.　文化と戦争は両立し得ず，戦争を根絶せしむべき
　　新世界の建設は，講和交渉に於て着手する必要
　　あり
2.　従来強弱・勝敗 即ち腕力を基礎として講和し
　　た．今回は正邪曲直・即ち道義を基礎として
　　終始すべし
3.　戦費その他の損害は通常敗者の方が多大である
　　に拘はらず　従来敗者をして賠償せしめるを常と
　　した．かくの如き不合理の暴行は断然これを廃
　　止せねばならぬ.
4.　台湾・朝鮮・満州の如き武力を背景として得た
　　地域は他国の容喙を待たず　我より進んでこれを
　　解放し　住民の自由意思によってその帰属を
　　決定せしむべきである．わが国が提案すれば，アメ
　　リカは比島に，イギリスは香港，ビルマに対して同様
　　の処置を施すに至るであらう.

9月7日（金）
登校。小会の点定。
それ小粒の……
それ立める 本田与陽品検定 に行く、ため
とめて。

9月8日（土）
登校、……云田を溶剤。（小粒、……本土増）
高松原。Vektormesontheorie B. オ=0のとき
§4と§5。

履　　……愛へ尾崎行雄氏の意見書
1. 文化と戦争は両立しうるが、我等を軌範せしむべきは
新世界の建設は温和協調にして最も多な処を
あり。
2. 従来……暗殺即ち武力を基礎として……し
た。今回は正義曲直・即ち道義を基礎として
……すべし
3. 我等……其の損害は遅考……者の方が多大である
にもかかわらず　結果……をして敗債せしめるを……と
した。かくのごとき不会理の暴行は……これを廃
止せねばならぬ。
4. ……・独逸・……のごとき武力を背景として行ふ
地域は他国の……を……すなはり進んでこれを
……し、住民自ら……思によってその処置を
決定せしむべきであり、わが国が……すれば、ア
メリカに比多い。イギリスは勿論、どんなに対して……
の為をも抱すねるであらう。

9月9日（日）

午後五時　木村素衛教授，本田弘人事務局

長　来宅．夕食を共にす．特別科学学級

のことなど話し合ふ

9月10日（月）

登校．丹羽進君来室　午後　教授会，荒木教授辞任

を承認．散髪．朝日会館に行

き　森川朝日新聞京都支局長と会談．

中市氏来宅．

9月11日（火）

登校　午後　上野静夫君，坂田昌一君　来室．

　　　マックアーサー元帥　日本管理方式に関し次の

　　　如く正式声明せり（桑港　9月9日発同盟）

1.　占領軍は主としてマ元帥がその指令に対し服従を強要する

　　必要がある時に使用される機関として存在する．

2.　天皇陛下及び日本政府はマ元帥の指令を強制されることなく実

　　施するためのあらゆる機会を提供される．

3.　日本の軍国主義及び軍国的国家主義の根絶は戦後の第一の目的

　　であるが占領軍の一の目的は自由主義的傾向を奨励することである．

　　言論，新聞，宗教及集会の自由は占領軍の軍事的安全を維持する

　　　ための必要

　　によってのみ制限される．

4.　日本経済に対する支配は連合国の諸目的―主要なる目的は日本が世界

　　平和を脅威しないことを保証しないことである［ママ］―を達成するに

木村素衛 （9月9日）

木村素衛（1895（明治28）〜1946（昭和21））。京都大学哲学科選科を卒業。1940（同15）年に京都大学文学部哲学科教授。専門は哲学、教育学。

保証しないことである（4の2行目）（9月11日）

新聞では「保障することである」となっている。湯川の書き写し間違い。

　　　　　必要
　な限度においてのみ行はれる.
5.　日本国民に対しては連合国に対する尊敬及信頼を増大する
　　如く待遇する
6.　日本国民は彼等の個人的自由及財産権に関し一切の
　　不当な干渉を受けることがない. 併しマ元帥の指令に
　　基づき日本政府から発せられる一切の法律布告, 命令に
　　従ふ必要がある.
7.　占領軍は降伏文書の条項を実施するポツダム宣言
　　に述べられた諸目的が達成されるまで日本に留まる
　　であらう.

9月12日（水）
朝　6時40分　二条駅より山陰線下りに乗車. 澄子
同行. 園部下車　バスにて9時前に須
知農林学校着. 戸田早苗校長と面談.
午前中　科学学級の授業参観. 午後一時よ
り農林学校講堂にて　農林学校全生徒に
講話. 再び　科学学級の蒲生寮に行く.
夕食後　児童達に講話. 蒲生寮に泊る.
大変涼しい, 雨が降り出す

9月13日（木）
朝のバスに乗る為め高垣訓導と同道. バス
が来ないので　京都までトラックに便乗.
午後一時頃帰宅. 澄子八時頃
帰宅. 京都の方が暑い.

年末頃が最大兵力

撤退、減兵は心がけ一つ

首相宮殿下、協力を御諭し

行動は代理機關

經濟管理は必要限度

【リスボン九日發同盟】

達成迄駐兵

ポツダム宣言

【サンフランシスコ九日發同盟】

京都新聞1945年9月11日　占領軍管理原則

119

9月14日（金）
登校．午後　一中の科学教育班の会に
出席．

9月15日（土）
午前十時　学士試験　その最中に米士官二
名教室へ来たので直ちに面会．一人は
Major Furman 他は　Lt. Munch
後者は日本語を上手に話す．途中　荒勝教
授をも呼ぶ．一緒にミヤコ・ホテルに行く
Dr. Morrison も一緒に会談．野戦食を
御馳走になる．午後三時　三人再び教室
に来り，荒勝研究室，内田研究室を見て，吉田教
授に面会．五時前辞去．六時過ぎ　Lt. Munch
だけ又来る．扇子・帯上げなどを present にする

9月17日（月）
登校
午後特別教育班　幹事会．理学部長室
晩　高秋　須知より帰宅．

9月18日（火）
登校．小野満雄来室
午後三時　教室相談．助手の件など．
夕方　竹上氏来診．高秋肋膜の由．
17日夜より台風　九州方面より日本海へ
通過に伴ひ　風雨強し．阪神以西

米士官と面会 （9月15日）

米軍の京阪神進駐開始は、湯川が日記に書いているように9月25日だった。これに先立って、原爆調査団が京都大学の原爆開発の状況の調査を行った。ファーマン（Robert R. Furman）少佐はドイツの原爆開発調査も行っていた。モリソン（Phillip Morrison）は米国の原爆開発に参加していた原子核物理学者であり、調査団の顧問だった。湯川は取り調べを受けているという意識ではない。湯川の記述はモリソンがワシントンに送った報告書と符合している。贈り物を渡したことが書かれているが、報告書には3回湯川に接触し、研究室の捜索もしたこと、贈り物を交換したことも書かれている。日記には10月4日にも「会見」、11月16日にも「来室」と書いている。（解説230ページ以降参照）

Lt. （9月15日）

Lieutenant の略。中尉。

被害相当ありし由.

9月19日（水）
登校. 午後, 量子力学講義.

9月20日（木）
朝家に居る, 午後四時半発列車にて上京, 超満
員.

9月21日（金）
朝六時　東京駅着, 本郷兄の家へ入る.
朝十時　大倉邸に行き, 昼食を御馳走になる.
午後　帝大に行く. 嵯峨根氏, 犬井氏, 酒井氏等に
会ふ. それより理研に行き仁科氏に面会.
本郷にて夕食.

9月22日（土）
朝早く駅に行き帰りの急行券を買ふ.
朝食後　理研に行き仁科氏, 文理大に行
き朝永氏に会ふ. 午後　三信ビルに［ママ］仁科氏と打
ち合せ, 帝国ホテルにK. T. Compton を訪ねたが
会はず. 第一ホテルに Morrison を訪ねたが, これ
も不在. 新橋に仁科存氏の宿を訪ねる.
漸らく会談　辞去. 大倉邸に行く.

9月23日（日）
朝七時前　東片町を出て8時30分発急

大倉邸〔9月21日〕

大倉喜七郎（1882〔昭和15〕年～1963〔昭和38〕年）。
東京の四谷に邸宅があった。男爵。父喜八郎のあとを継
いで大倉財閥を率いた。戦後、邸宅跡にホテルオオクラ
を創立した（2019年にThe Okura Tokyoと改名）。

酒井氏〔9月21日〕

東京大学理学部物理学科の坂井卓三教授ではないか。

仁科存〔9月22日〕

仁科存。1903〔明治36〕年生まれ。逓信省電気試験所
技師、東北帝国大学教授。高導磁率合金、磁気記録用
合金、耐久磁石鋼、非磁性鋼などを発明し、いずれも工
業化された。これらの業績に対して、1943〔昭和18〕年1
月29日に1942年度の朝日賞を受賞した。

行に乗る．大変すいてゐる．大津にて機関車
故障　予定より二時間遅れ，十時前帰宅．

9月24日（月）
登校．朝　荒木氏より花谷,[^はなたに]堀両君その
他　広島の台風にて遭難の報あり．
午後　教授会，途中控訴院本田判事来訪．
教授会後，西谷教授来室

9月25日（火）
登校．米第六軍京阪神進駐開始に伴ひ
京都市内各所の通行禁止となる．

9月26日（水）
登校．午後講義．工業化学に荒木源教授
を訪問後，四条通縄手花谷暉一君の兄の家に
弔問に行く．終わって魚末にて会．

9月27日（木）
登校．午後教室相談．

9月28日（金）
登校．

9月29日（土）
登校．

花谷、堀両君台風による遭難（9月24日／9月26日／10月11日）
京都大学の荒勝研究室は9月15日から第3次広島原爆調査団6人を派遣した。彼らは現在の広島県廿日市市宮浜温泉（当時大野町）にあった大野陸軍病院を拠点にして調査を行うこととなり、台風が接近している豪雨のなか16日夕刻に到着した。台風は17日に鹿児島県枕崎に上陸。その夜大型土石流が大野陸軍病院を襲い、建物の中央部は海に流された。調査団のなかの3人、理学部物理の花谷暉一（大学院生）と堀重太郎（助手）と化学研究所の村尾誠（助手）が、治療と研究にあたっていた医学部の8人、入院中の多数の被爆者、病院職員とともに犠牲になり、犠牲者数は156人に及んだ。この情報は20日に京都大学に届いたが、湯川は出張中で知るのが遅れた。

西谷（9月24日）
西谷啓治（1900（明治33）～1990（平成2））。京都学派の哲学者、専門は宗教哲学。京都学派は西田幾太郎と田邊元および彼らに師事した哲学者たちが形成した京都の哲学の学派。

9月30日（日）
大学へ高山氏を訪問.

10月1日（月）
登校
午後教授会

10月2日（火）
登校　午後　部長室にて主任会議.　散髪.
高坂，西谷，高山三氏来室

10月3日（水）
Mac Arthur司令部に提出すべき研究報告書作
製に忙がし.　小島　小松両君来室.　晩高垣先生来宅

10月4日（木）
朝早く登校.　部長室にて米第六軍士官四名
と会見.　理学部の研究につき質問を受
ける.　昼前　李泰圭君来室　近く帰鮮の由.

10月5日（金）
登校.
東久邇宮内閣総辞職

10月6日（土）
登校.
大命　幣原男爵に降下.

高山　（9月30日）
高山岩男（1905（明治38）～1993（平成5））。京都学派
の哲学者、ヘーゲルを研究。

高坂　（10月2日）
高坂正顕（まさあき、1900（明治33）～1965（昭和40））。
京都学派の哲学者。専門はカント哲学。

Mac Arthur司令部に提出すべき研究報告書　（10月3日）
一切の実験所・研究機関は、現在の研究、1940（昭和
15）年以後の研究の詳細の報告を求められた。

米第六軍士官四名と会見　（10月4日）
9月15日の註と解説（230ページ）参照。

幣原男爵　（10月6日）
幣原喜重郎（しではら・きじゅうろう、1872（明治5）～1951
（昭和26））。外交官、政治家。1945（同20）年10月9日
から1946年4月22日まで第44代内閣総理大臣。

10月7日（日）
朝　鳴海さんに林さんの荷物を運んで貰ふ.
午後　長谷川寛君夫妻来宅.
一日中　週刊朝日の原稿を書く.

10月8日（月）
登校. 終日雨.
台風本州南方を通過

10月9日（火）
登校

10月10日（水）
午後　臨時教授会. 量子力学講義
朝　中市氏　来室

10月11日（木）
午後　広島に於ける台風禍に斃れた真下教
授以下十氏の大学葬行はる.

10月12日（金）　急に涼しくなる　23度より16度まで
下る
登校
午後　三回生演習　Slater, 田中一君.
坂田君　来室
憲法改正準備進む

週刊朝日の原稿（10月7日／10月13日）

『週刊朝日』1945（昭和20）年11月4日に発行された10月28日11月4日合併号に掲載の「静かに思ふ」（本書173ページに初めて収録）の原稿。翌年大幅改定して「静かに思う」と題して『自然と理性』（秋田屋、1947）、ほか『著作集』（岩波）などに収録された。（解説242ページ参照）

大学葬（10月11日）

この日京都大学時計台の2階にあった大講堂で、鳥養利三郎総長を葬儀委員長とする大学葬が行われた。その後1970年に、遭難現地に近い現在の広島県廿日市市宮浜一丁目に京大原爆災害調査班遭難記念碑が建てられた。その後毎年、現在は5年に一度、この地で京都大学の慰霊のつどいが開催されてきた。

憲法改正準備（10月12日）

マッカーサーは、1945（昭和20）年10月4日に近衛文麿国務相に「憲法を改正して自由主義を取り入れる必要がある」と語った。翌日東久邇宮内閣が総辞職した。10月11日にマッカーサーは幣原新首相に「憲法の自由主義化も必要だ」と述べた。この日の閣議は憲法改正を研究するために松本烝治国務相の主宰する調査委員会を発足させた。この委員会の試案は翌年2月にマッカーサー司令部GHQの民生局によって拒否され、GHQの草案をもとに新憲法が作られることになった。

10月13日（土）　朝14度
午前　三回生演習 Fermi, Quantum Theory of
Radiation（Rev. Mod. Phys.）　津田君
午後　週刊朝日佐野氏来室，原稿を手渡す

10月15日（月）
登校．朝西谷氏宅を訪問

10月16日（火）
登校．午後エッカート，エバースマイヤー両氏来学．新村猛氏，柴野氏
を連れて来室．
陸海軍人兵士700余萬の復員概ね完了．
マックアーサー元帥　本国へ放送

10月17日（水）
神嘗祭．午後2時つるやに行き　秋田屋主催
座談会に出席．高坂，高山，西谷三氏と一緒．
科学と思想の問題を中心として論議．

10月18日（木）
登校．
午後　坂田君来室．

10月19日（金）
登校
午後　一中にて特別科学教育班の会．
澄子，須知，檜山に行き．

津田君 （10月13日）

津田博。京都大学理学部物理学科1946（昭和21）年卒業。

新村猛 （10月16日）

新村猛（1905（明治38）〜1992（平成4））。フランス文学者、言語学者。名古屋大学教授。『広辞苑』を編集した新村出（1876（明治9）〜1967（昭和42））の次男であり、1955（同30）年の第一版以来、編集に大いに協力した。

神嘗祭 （10月17日）

天皇がその年の稲の新穂を天照大神に捧げるため、宮中と伊勢神宮で10月17日に行う祭祀（さいし）。1874（明治7）年から1947（昭和22）年まで祝日として休日だった。

10月20日（土）
登校. 朝　三回生演習　天達君　Fermi,　　　　　　　,
Q. T. of Radiation　第二回目.

10月21日（日）
午後　鳴滝に行く. 篠原市長, 黒田, 田岡, 木村, 舟岡
諸教授, 松永医師, エバース氏

10月22日（月）
登校. 午後　教授会.

10月23日（火）
登校.

10月24日（水）久し振りで秋晴れの好天気.
登校. 午後講義, エカ氏　エバ氏来訪, 夕食
十時帰る.

10月25日（木）登校.

10月26日（金）登校. 午後三回生演習
津田君, Slater　Chapter II.

最近　上野公園, 大阪駅付近等に飢餓による瀕死
者　多数集合　悲惨目を覆はしむるものあり.
多くは戦災により家を失いしものなりと.

天達君（10月20日）
天達文雄。京都大学理学部物理学科1946（昭和21）年
卒業。

飢餓による瀕死者（10月26日）
戦争末期から戦後にかけて食糧不足が深刻だった。1939
（昭和14）年から米は配給制で、1942年には麦、いも、
雑穀も統制の対象になった。米だけでは不足しているので、
麦、いも、大豆、トウモロコシなども主食として配給されたが、
量は不足し、遅配もあった。配給だけでは健康が維持で
きなかったので、都会の住民は違法なヤミの買い出しを行
った。インフレが進み貨幣価値は下がり続けたので、衣類
などモノとの交換でなければ農家は譲ってくれなかった。帰
途の列車の一斉検査によって発見され没収されることもあっ
た。戦災によって交換するものを持たないものは、餓死に
追い込まれた。（解説208ページ参照）

10月27日（土）朝　中市，矢倉氏来訪
午後　三回生演習．天達君，Fermi　続き

10月29日（月）
登校

10月30日（火）
午後　香取氏化学教室葬．

10月31日（水）
登校　午後講義

11月1日（木）
登校．

11月2日（金）
登校．上田登美子退職，上田千栄子代りに就職
午後　三回生演習．Slater　Chap. III.　太田君．

11月3日（明治節）　4日（日）
二日続きの休み．　三日午後　岡崎つるや
へ澄子と　野口，二宮両家婚礼に招かれる
竹上氏夫妻媒酌，主賓として乾杯をさせられる．

11月5日（月）
登校．今日から一週間　物理一回生　二回
生　栄養恢復（かいふく）のため一週間休み．

香取氏化学教室葬（10月30日）
理学部化学教室の香取三郎教授は、航空機などに用いる
特殊金属の研究を国家の要請で行うため第二次世界大
戦末期に設置された「特殊金属学講座」の初代教授にな
ったが、すぐに戦争終結、香取は病死した。

明治節（11月3日）
第122代の明治天皇（1852（嘉永5）～1912（明治45））
の誕生日11月3日（当時使われていた太陰歴では嘉永5
年9月22日）を1927（昭和2）年から1947（昭和22）年ま
で祝日として明治節と呼んでいた。

一日づけにて　内田・田中・木村三君教授とな
る.

11月6日（火）
登校. 午後　岩雄氏来室. 神殿町宅
に宿泊. 河合さんに上京切符買つて貰ふ.

11月7日（水）曇　後　小雨
朝　駅に行き，指定券購入.　登校
午後　岩雄氏去る.
午後六時八分の汽車にて上京，仲々混んでゐる.
折悪く客車の窓硝子のない所多く，冬外套の襟を
立て，寒気をこらえる.

11月8日（木）
朝七時　東京駅着，寒風が吹いて本当の冬
景色. 直ちに赤坂の和田小六氏邸に行く.
それより　文部省へ同道　前田多門文相及び
田中耕太郎学校教育局長に面会.
昼過ぎ　東片町に行き昼食後　大倉邸に行き
三時頃辞去　東片町に帰り，一泊

11月9日（金）
昨夜から胃が痛む. 朝五時起床.
7時25分　東京駅発列車に乗る. どうやら座
れる. 矢張り窓硝子のない所多く寒い.
夜9時17分京都駅着，　10時過ぎ無事帰宅.

岩雄氏（11月6日）
小川岩雄（1921（大正10）〜2006（平成18））。湯川の甥。
長姉小川香代子と電気工学者だった小川一清との長男。
立教大学理学部教授。専門は原子核実験。

和田小六（11月8日）
和田小六（1890（明治23）〜1952（昭和27））。航空工
学者。東京大学航空研究所長、東京工業大学学長など。

前田多門（11月8日）
前田多門（1884（明治17）〜1962（昭和37））。政治家、
実業家。1945（同20）年8月18日から1946（同21）年1
月13日まで文部大臣を務めたが、占領軍の政策による公
職追放令で辞職。1955（同30）年から亡くなるまで、湯川
たちとともに世界平和アピール七人委員会の初代委員。

田中耕太郎（11月8日）
田中耕太郎（1890（明治23）〜1974（昭和49））。法学者、
東京大学法学部長、第2代最高裁判所長官など。

窓硝子のない所（11月9日）
2月19日の註参照。

11月10日（土）

登校.

午後　理論談話会　再開

素粒子論　第一回

小林稔君，陽電子の理論と素粒子の自己

エネルギー. □　重粒子の電磁気能率

（岡島氏，八束氏　来室）

金井英三君.

擬スカラー場.　Weisskopf 陽電子論

11月11日（日）

朝より午後にかけ岩波"世界"正月号の原稿を書

く.

五時　坂田君，井上健君来宅，夕食を共に

す

11月12日（月）

登校. 午後　文学部に行き西谷，高山

両氏に会ふ. 晩つるやにて科学学級父

兄謝恩会. 駒井，木村，矢田部諸教授　有浦氏出席

11月13日（火）

登校

午後　森岡氏来室，三時　大徳寺前駅に下りる

田中秀雄氏，待鳳校長塩尻氏等出迎へ

待鳳校にて高等一二年生に講演. 夕食

を招ばれて帰宅.

"世界" 正月号の原稿 （11月11日）
岩波書店の雑誌「世界」の1946（昭和21）年1月創刊号
に、湯川は「自己教育」を寄稿した。『自然と理性』（秋
田屋、1947）や著作集4巻（岩波書店、1989）などに収
録されている。

大徳寺前駅、待鳳校、高等一二年生 （11月13日）
待鳳校は京都市立待鳳小学校。大徳寺の北側の京都市
北区紫竹西北町にある。大徳寺前駅は、大徳寺の南側
の京都市電（市内電車）の停留所。
小学校には6年制の尋常科とそれに続く2年生の高等科が
あり、義務教育は6年間で、尋常科の課程を終わった後、
中学校、高等女学校に行かずに小学校高等科に進学す
る道があった。

七時頃　神戸，川崎氏来宅．続いて谷川氏
夫妻来宅，九時辞去．

11月14日（水）
登校．石原，森岡両氏来室，中市氏来室
午後講義．斎藤氏来室

11月15日（木）
少し頭痛，腹痛，風邪気で学校を休む．

11月16日（金）
朝　書物一部　学校へ運ぶ準備．
登校．進駐軍将校2名来室．
午後　三回生演習．Slater, Chap. IV.
前川君．
晩　辻に行く

11月17日（土）
午前　三回生演習．Fermi, Q.T.of Rad.
津田君，渡辺君
午後　高山氏の部屋に行く．京都母上三回忌にて黒谷に行く．

11月18日（日）
午後　近畿ペン倶楽部の会にて　西本願寺　飛雲閣に行く
薮内宗匠の手前にて抹茶を頂き，土井氏の説明にて
雪柳の襖（渡辺了慶筆？）を鑑賞．茶室を拝見．
三階まで上る．大勢上ったので　少し揺れゐる．

進駐軍将校2名来室（11月16日）
9月15日の註と解説（230ページ）参照。

前川君（11月16日）
前川喜久郎。京都大学理学部物理学科1946（昭和21）年卒
業。伊藤忠商事株式会社勤務。

京都母上三回忌（11月17日）
湯川の生母、小川小雪は1943（昭和18）年11月18日に永眠し
た。

黒谷（11月17日）
京都市左京区黒谷町にある浄土宗本山の金戒光明寺（こん
かいこうみょうじ）のこと。湯川の父母小川琢治・小雪夫妻の
墓所は、出身地の和歌山の万性寺（和歌山市堀止西）にあ
り、浄土宗のつながりで黒谷において法事をおこなったのだろ
う。金戒光明寺には、幕末に京都の治安維持にあたる京都守
護職に幕府から任ぜられた会津藩主松平容保（かたもり）が家
臣一千人を率いて金戒光明寺に本陣をおいた。そのため「会
津藩殉難者墓地」がある。ここは新選組誕生にも関係がある。

五時頃辞去，満月美し．

11月19日（月）
登校．
午後　散髪．

11月20日（火）
登校．

11月21日（水）
登校．午後量子力学講義の後，高山，木村，その他
文学部諸氏と会談．晩　足がぐぜって　くるぶし
を痛める．

11月22日（木）
朝早く登校．九時過ぎ　F.Zwicky　教授来室
cosmic ray の origin の問題，expanding
universe の問題等を論ずる．午後一時より
評議会に初めて出席．鳥養総長にな
つてから初めての会，終つて又教室で
Zwicky教授と原子爆弾のことなど論ずる．

11月23日（金）
休日．

11月24日（土）
午後　登校　朝永君来室

142

ぐぜる（11月21日）

方言。意味と使われている地は、①石につまずく。よろける（大阪、奈良）　②転倒する（奈良）　③足を捻挫する。くじく（大阪）　④文句を言う。ぶつぶつ言う（青森、岩手、三宅島、大分、熊本、佐賀、長崎）。ここでは③の意味でつかわれている。

F. Zwicky教授（11月22日）

ツウィッキー　Fritz Zwicky。（1898（明治31）～1974（昭和49））。スイス国籍を持ちカリフォルニア工科大学で活躍した天文学者。超新星研究のパイオニア。パロマ天文台に超新星探索用のシュミット望遠鏡を設置させ、100個以上の超新星を発見した。

理論談話会　荒木源太郎君　応用量子力学論第一回　終戦後第二回
Slater-Paulingの方向原子価.

［以下　3ページ半にわたり式とグラフ　本書160～163ページに収録］

Triple Bond　H-C ≡ C-H

11月25日（日）
芳樹兄　来宅. 晩帰京.

11月26日（月）
登校. 午後　教授会.
新村猛君来室

11月27日（火）
登校. 春洋, 高秋　2人共　風邪　発熱

11月28日（水）
登校. 午後講義

11月29日（木）　朝6度. 大分寒くなる. 晴天.
登校
午後一時　教室会議
午後三時　理学部長代理にて部局長会議，中国学生懇談会に出席

11月30日（金）
雨. 登校. 午前　佐々木教授，午後　児玉教授

Triple Bond
$$H \equiv C \equiv C - H$$

11月25日 (月)
寄松先... 晩...宗.

11月26日 (火)
... 会.
新...及...

11月27日 (水)
...

11月24日 (火)
... 活...

11月29日 (木)   朝6時. ...くなる. ...
...
... 教室会議   (...会...)
... 中国...

11月30日 (金)
... ...

12月1日 (土)
... の...行く.
... . Fermi, Radiation Theory
...

を訪問

12月1日（土）
澄子　竹田悦子女史の告別式に行く．
朝，三回生演習．Fermi, Radiation Theory
真道君．
午後二時　理論談話会　素粒子論第二回
鈴木坦君，相互作用の取扱ひ方に就いて
プログラム　I，力学の公理系
1，因果律　Painlevé
2，相対論
3，鈴木説
　II，力学の形式
1，Stueckelberg,　H. P. A. 15（1942）23
2，Einstein, Infeld, Hoffman, Ann. Math. 39（1938）
　Infeld, Physical Rev. 53（1938）836
3，Einstein, Rosen, Phys. Rev. 48（1935）73
4，Dirac,　　　　　Stückelberg, H. P. A. 14（1941）51
　Proc. 167（1938）48　　　　　　　17（1944）3
　III，相互作用の取扱ひ
1，Wentzel の方法

12月2日（日）
朝，澄子を連れて桂離宮拝観．
午後　帰宅．大倉別邸より電話あり．高松宮
殿下より御陪食を賜ふ．九時帰宅

チ12ニ18 理論談話会 （素粒子論 第二回）

橋本伝居尾. 相互作用の 仮説はすべて就いて

プログラム I. 時の立場論.

1. 因果律, Painlevé

2. 相対性,

3. 釣合性

　　II. 力学の形式

1. Stueckelberg　　H.P.A　15 (1942) 23

2. Einstein, Infeld, Hoffmann　Ann. Math. 39 (1938)
　　Infeld, Physical Rev. 53 (1938), 836

3. Einstein, Rosen, Phys. Rev. 48 (1935), 73.

4. Dirac　Stueckelberg, H.P.A 14 (1941) 51
　　Proc. 167 (1938), 48　　　　　　17 (1944) 3.

　　III. 相互作用のねらい

1. Wentzel の方法

12 ト 2 W (18)

　相. 光より通して 桂縮実外現.

　チ12 物定. 大気新部 より 硬波あり. 吉本法.

　郎ちなじ 浅会 ＋ 単色に進む. 九門物宝

12 ト 3 W (18) 相互作 天竜定い.

　相 川より通正に吹書室.

　続いて 関口浅本持居尾. 津さんとまゆ.

12月3日（月）朝五度　大変寒い.
朝　川崎近太郎来室.
続いて　関戸彌太郎君　秦さんと来室
午後一時　関戸氏にnegative Proton の話
をして貰ふ.
Sekido, Asano, Masuda:　Cosmic Rays on
the Pacific Ocean, Part I Latitude
Effect.　Sc. Pap. Inst. Phys. Chem. Res.
<u>40</u>（1943）439
1937. 4　〜　1938. 3　北野丸　横浜—Melbourne　（4往復）
1938. 4　〜　1939. 4　平安丸　神戸—Vancouver　（7往復）

〔以下1ページ半ほど　グラフなど　本書164〜165ページに収録〕

晩　教室懇親会. 魚末にて

12月4日（火）
朝十時過　家を出て奈良に行く. 女高師にて文化講義.
夕刻帰宅

12月5日（水）
登校. 午後講義

12月6日（木）
登校. 午後一中にて特別科学班の会.
晩　矢尾政にて　木村, 本田両氏と科学班父兄の招待
会に出席.

高松宮〔12月2日〕
高松宮宣仁親王（たかまつのみやのぶひとしんのう、1905（明治38）〜1987（昭和62））。昭和天皇の弟。

川崎近太郎〔12月3日〕
1906（明治39）年生まれ。京都府立京都第一中学校で湯川の同級生。東京大学医学部薬学科卒業。大阪大学薬学部長を務めた。

女高師〔12月4日〕
奈良女子高等師範学校。奈良女子大学の前身。

12月7日（金）
登校. 午後　三回生演習
Slater　Chap IV 続き　田中一君.

12月8日（土）
登校

12月10日（月）
登校. 晩　河合氏夫妻と会合
喜多名誉教授来室

12月11日（火）
登校.

12月12日（水）　初雪降る. 朝　四度半.
登校. 堀尾・俣野・野津・杉野・藤田・梅原
井上, 八束　諸氏　相継いで来室
午後　量子力学終講.

12月13日（木）
登校. 朝　マッカーサー司令部より　サイクロトロン破壊に
関し　意見徴取［ママ　聴取］に来る. 駒井・荒勝　両教授と共に面会.
午後　評議会.
三時過ぎより　教室相談.

12月14日（金）
登校

サイクロトロン破壊 （12月13日／12月15日）

サイクロトロンは、電子や陽子、重陽子などの荷電粒子を円形軌道上で加速する原子核物理学の装置で、理学、工学、医学などに広く利用される。1932年に米国のE. O. ローレンスらが発明した。京都大学荒勝研究室では、1940年に建設計画開始。敗戦時には建設途上だった。基礎データ入手と同位元素製造のためF研究に含まれた。戦後一定の制限の下での基礎研究への使用許可が示唆されたが、ワシントンの統合参謀本部は1945年10月31日には原子核研究全面禁止など、11月10日にはサイクロトロン破壊を極秘にGHQに指令した。荒勝研究室は11月20日に占拠され、破壊が通告され、研究資料はほとんど全て没収され、24日までにサイクロトロンが破壊された。25日の日米の新聞に破壊が取り上げられ、日米で抗議行動が行われた。（解説230ページ参照）

午後四時　岡崎つるやにて秋田屋「哲学季刊」創刊祝賀会.

12月15日（土）
朝　物理教室サイクロトロン破壊に来て居た第六軍の
将校　引揚げの挨拶に来る.
午後　理論談話会. 化学物理部第二回.
鳴海元君. 擬似断熱系反応の取扱ひに
就て

［以下2ページ　式とグラフ　本書166〜167ページに収録］

複分解反応

12月16日（日）
午後　早々　金剛能楽堂に行き　楊貴妃，吃り，熊坂
を見る.
戦争犯罪容疑者近衛公　今早朝　服毒自殺.

12月17日（月）
登校. 今日から明年二月十五日まで冬季休学.
午後　Whittaker, History of the Theories of Ether
and Electricity, 輪講第一回. 鈴木君. Chapt I.
出席者　高山　上田，大島　諸氏. 細江，鳴海，江夏，
広石，丹羽

12月18日（火）　昨夜より風強く，今朝は大変寒い. 雪降る.
朝　省線にて神戸に行く. 駅頭に神戸市の川崎武夫氏，近藤

秋田屋「哲学季刊」創刊祝賀会 （12月14日）

「哲学季刊」第一年第一冊が発行されたのは1946（昭和21）年4月だった。この年に続けて第二冊が8月、第三冊が11月に刊行された。第二冊の編集後記に創刊号の発行が4か月遅れたと書かれている。湯川は最初の三冊に「物質世界の客観性に就（つい）て」「前編　古典論及び相対論の世界」、「中編　量子論の対象」、「後編　量子力学の世界」を連載した。（解説236ページ参照）

戦争犯罪容疑者近衛公　服毒自殺 （12月16日）

ポツダム宣言には「戦争犯罪人は厳重に裁判せられること」という項目があった。戦争犯罪とは「平和に対する罪（A級）」と「人道に対する罪」（B、C級）とされた。近衛文麿（1891（明治24）～1945（昭和20））は第34代（1937（同12）年6月～1939年1月）と第38、39代（1940年7月～1941年10月）の首相だった。占領軍は、近衛を「大政翼賛会設立など日本のファシズム化とアジア侵略・対米開戦に責任がある」として12月6日に逮捕命令を出し、出頭期限を12月16日とした。近衛は16日早朝に自宅で服毒自殺した。

輪講 （12月17日）

哲学者と物理学者が合同でホイッテッカーの『デカルトの時代から19世紀末までのエーテルと電気の理論の歴史』を読むことにして、第1回に第1章を取り上げた。翌年にかけて第2回が開かれたという記録は見つからない。

上田 （12月17日）

哲学者の上田泰治だろう。

文雄君出迎へ． 菊水国民学校にて「現代の物理学」と題して講演．
帰途阪急にて苦楽園に行く．母上は長野から帰られ，荷物も昨日着いた所，本館の大部分は谷一郎氏一家に貸してあり，却々（なかなか）賑やか．風強く，電灯消える．苦楽園に一泊．

12月19日（水）
昼食まで苦楽園に居る．十二時過ぎ辞去．
四時半帰宅．

12月20日（木）
登校．

12月21日（金）
登校

12月22日（土）
登校．

12月23日（日） ―

12月24日（月）
登校．午後　教授会．
一晩中停電．電熱使用者激増の影響である．

12月25日（火）　クリスマス．大正天皇祭．

省線（12月18日）
現在のJR東日本（東日本旅客鉄道株式会社）などに分割民営化される前は、国鉄（日本国有鉄道）が鉄道を管理・運営していて、東京・大阪の二大都市圏の近距離電車は国電といわれていた。国電以前の鉄道省・運輸通信省・運輸省が直接管理していた時代には近距離電車は、省線電車といわれていた。

苦楽園（12月18日）
湯川が1934（昭和9）年から1940（同15）年まで住んでいた兵庫県西宮市の分譲地。湯川が甲子園の仮寓を経て1943年の京都に転居した後も湯川の親が住み続けていた。

岡崎つるや　秋田屋主催　吉井勇氏歓迎会に出席．大山，八束，齋
　　藤
大塚　同席．澄子も野村さんの送別会にて
同じくつるやに会合．

12月26日（水）
登校．朝　総長室にて文部省科学教育局第一部長
清水勤二氏と面談．午後教室相談．

12月27日（木）
登校．

12月28日（金）
登校

12月29日（土）
登校．文学部へ行き高山氏に会ふ
晩　畑かくにて　哲学科忘年会に出席

12月30日（日）
晩　鳴滝に行く．高山，続西田哲学読み出す．

12月31日（月）
澄子　数日前より風邪，熱8度3分あり
晩，度々停電する

吉井勇氏歓迎会 （12月25日）
富山県に疎開していた歌人・吉井勇が京都の八幡に戻ってきたので、秋田屋が主催し、ゆかりの人を集めて歓迎会を開催した。この会については吉井勇の日記にも詳細な記述がある。（解説233ページ以降参照）

高山，続西田哲学 （12月30日）
高山岩男『西田哲学』（岩波書店、1935）の続編として1940（昭和15）年に岩波書店から刊行された『続西田哲学』。

No.

2月17日(土)　好???成長後.

粒 10μ. ??琢班化の会, ??会館, 未会席??????

??時?. ??席 ???方式???????.

72本.　scale of 128.　　　0濃　5万/h

3μ以上 ???　$\frac{1}{\sqrt{n}}$ = 0.12%　　1濃　22万/h

　　　0?濃　　　0.13m²(1組)　　=0.8/cm·min

○○○○○　○○○○○　［　　　　］

○○○○○　○○○○○　［　　　　］

　　　　1濃　　　0.46m²

○○○○○○

○○○○○○　［　　　　　　］

　　　　　　くすべ1濃　くすゝ0濃

??????　　　0.93.

??度と???????の関係

????の??週????　6.5%

??　　　　　4%

???が一見??、??し??.

????????????.

関係. ??度??流の??定

????1?????12?

??度(x) ???琢(y)　??流(z)＝??相関

$\eta_{xy \cdot z} = -0.9 \sim -1.0.$

$\eta_{yz \cdot x} = -0.6 \sim -0.7$

$\eta_{z \cdot xy} \cong -1.0$

158

No.

1929 10月～12月　世界各地がそれぞれ 気地学的
...から 気地が観定される.

1% → 0.2%　温度 1～2℃

気体は　0% → 4倍と観定

...測定　11桁ずの平均

...気体結果
　...：温度が上れば 多少減る
　...：低い所で 温度が上って も 減り ず
　　ず

Energy Spectrum
Blackett - Jones

...α₁ = -0.166%/C°
　　(Jones)

...α₂ = -0.21%/C°
　　(Blackett)

$\alpha_1 = -0.166\%/C°$

$\alpha_2 = -0.21\%/C°$

universe の阿遮を有する。それは一m&り
経済会に初めて生命、島宮知や経れんれ
つながら初めての会、従って又 討会で
Zwicky なねと 原が摂理のことなど 論する。

11月2日 火 (竜)
休み.

11月4日 (土)

（香川さんから休 第一回）
（経義は第二回）

理論化学 蒼不次な別点
Slater - Pauling の方向原の寝。

H_2O

$O : 1s^2 2s^2 2p^4$

$a(\mathbf{X})$ $b(\mathbf{X})$ $c(\mathbf{X})$ $d(\mathbf{X})$

$a(\mathbf{X}) \alpha(\sigma_i) = a^+(1)$

$a^+(1) b^+(2) c^+(3) d^-(4) = a^+ b^+ c^+ d^-$

a	b	c	d	M_S
+	+	+	+	2
+	+	+	+	
+	+	−	+	1
+	−	+	+	
−	+	+	+	

	a	b	c	d	
I	+	+	−	−	
II	+	−	+	−	
III	−	−	+	+	0
IV	+	−	−	+	
V	−	+	−	+	
VI	−	−	+	+	

O−H

$$a^+(1)\, b^+(2)\, c^-(3)\, d^-(4)$$

$$I = \frac{1}{\sqrt{4!}} \begin{vmatrix} a^+(1) & b^+(1) & c^-(1) & d^-(1) \\ \vdots & \vdots & \vdots & \vdots \\ a^+(4) & b^+(4) & c^-(4) & d^-(4) \end{vmatrix}$$

$$= \sum_P \varepsilon_P P\, a^+ b^+ c^- d^- \qquad \varepsilon_P = \pm \frac{1}{\sqrt{4!}}$$

$$A = \frac{(\text{II}-\text{III})-(\text{IV}-\text{V})}{2} = \frac{1}{2}\sum_P \varepsilon_P P (a^+b^- - a^-b^+)(c^+d^- - c^-d^+)$$

$$B = \frac{(\text{I}-\text{II})-(\text{V}-\text{VI})}{2}$$

$$C = \frac{(\text{I}-\text{III})-(\text{IV}-\text{VI})}{2}$$

$$A + B = C$$

$$A \qquad \begin{array}{c} a \text{---} b \\ d \text{---} c \end{array} \quad \left.\begin{array}{c} \\ \\ \end{array}\right\} \quad \begin{array}{l} a \text{ and } b \text{ are bonded} \\ \text{ or paired} \end{array}$$

canonical set

$$B \qquad \begin{array}{cc} a & b \\ d & c \end{array}$$

$$C \qquad \begin{array}{c} a \quad b \\ d \times c \end{array}$$

$$W = (A, HA)$$
$$= J + (ab) + (cd) - \frac{1}{2}\left\{ (ac)+(bc)+(ad)+(bd) \right\}$$

161

$$dV_1 - dU_P$$

$$= \iiiint a(1)b(2)c(3)d(4)Ha(1)b(2)c(3)d(4)$$

$$J = (abcd, Habcd) \colon \text{Coulomb integral}$$

$$(ab) = (ab, Hba)$$
$$= \iint a(1)b(2)H\{b(1)a(2)\,dV_1\,dV_2$$

$$K_{ss} = \iint u_{as}(1)u_{bs}(2)H\,u_{bs}(1)u_{as}(2)\,dV_1\,dV_2$$

$$= -e^2\iint \left\{ \frac{z_a(r_{a_1})}{r_{a_1}} + \frac{z_b(r_{b_2})}{r_{b_2}} - \frac{1}{r_{12}} \right\} u_{as}(1)u_{bs}(1)$$
$$\times u_{as}(2)u_{bs}(2)\,dV_1\,dV_2$$

$$K_{ss}(R) < 0.$$

$$u_{p\sigma}(\theta) = u_{p\sigma}\{\cos\theta\} + u_{p\pi}\sin\theta$$

$$K_{ps}(\theta) = \iint u_{ap\sigma(\theta)}(1)u_{bp\sigma}(2)H$$
$$\times u_{bs}(1)u_{ap\sigma(\theta)}(2)\,dV_1\,dV_2$$

$$= N_{\sigma\sigma}\cos^2\theta + N_{\pi\sigma}\sin 2\theta + N_{\pi\pi}\sin^2\theta$$

$$N_{\sigma\sigma} = \iint u_{ap\sigma}(1)u_{bs}(2)H\,u_{bs}(1)$$
$$u_{ap\sigma}(2)\,dV_1\,dV_2$$

$$N_{\pi\sigma}: \qquad \pi \qquad \sigma \qquad = 0$$

$$N_{\pi\pi}: \qquad \pi \qquad\qquad \pi$$

$$K_{ps}(\theta) = N_{\sigma\sigma}\cos^2\theta + N_{\pi\pi}\sin^2\theta$$
$$N_{\sigma\sigma} < 0 \qquad\qquad N_{\pi\pi} > 0$$
$$K_{ps}(\theta): \min \quad \text{for} \quad \theta = 0.$$

162

No.

$$W = J + K_{ps}(\theta') + K_{ps}(\theta) - \frac{1}{2}\left\{ K_{ps}\left(\frac{\pi}{2}-\theta\right) \right.$$
$$\left. + K_{ps}\left(\frac{\pi}{2}-\theta'\right) + K_{ss}(\theta) + (ad) \right\}$$
$$= 2(M_{\sigma\sigma} + M_{\pi\pi}) + J_{ad} - \frac{1}{2}(ad)$$
$$+ N_{\sigma\sigma}\left(2 - \frac{3}{2}\sin^2\theta - \frac{3}{2}\sin^2\theta'\right)$$
$$+ N_{\pi\pi}\left(2 - \frac{3}{2}\cos^2\theta - \frac{3}{2}\cos^2\theta'\right)$$
$$+ J_{bc} - \frac{1}{2}K_{ss}$$

CH_4 : 混成軌道 hybrid orbital

Double Bond の場合

CO_2: $O = C = O$

A: $O \stackrel{..}{=} C = O$ } $p\sigma$

B: $O = C \stackrel{..}{=} O$ } $p\pi$ s.±.$p\sigma$ $p\sigma$
$p\pi$ $p\pi$
$p\pi$

$\Psi = aA + bB$

$W = (A, HA) - (\text{resonance energy})$

aromatic compound

$H_2C = CH_2$: Pure Double Bond

163

この −ur 間阿Q に negative Proton の他
として考う.

Sekido, Asano, Masuda : Cosmic Rays on
the Pacific Ocean. Part I. - Latitude
Effect. Sc. Pap. Phy. Inst. Phys. chem. Res.
40 (1943), 439.
1937.4 ~ 1938.3 地野丸 横濱 - Melbourne (4 往復)
1930.4 ~ 1939.4 ヱ海丸 神戸 - Vancouver
Neher's Electroscope (7往復)
—11cm Pb

気圧効果 −1.7% /cmHg ⎰ atomspheric
latitude effect   ⎱ latitude effect
longitude effect   ⎱ magnetic lat. eff.

Compton - Turner −0.18% /°C
atomspheric. lat. eff 2%.

No.

F. H. Johnson, ⊕
 { Latitude effect
   east-west effect

$$\frac{j^+ + j^-}{j}$$

$$\frac{j^+ - j^-}{j} \doteqdot \frac{1.5 \cdot 0}{1.1} j^{\circ}/_{1.5 v}$$

electron   × Swann, 大陸の5-3
meson   × decay
proton   ○ Schein, Jesse and Wollan
    positive, negative
            Kapitza

眼鏡を　経観気。　無木いて

12月4日(火)
権利十川通 承をまて 家足んゆく　女和いて文化院が、
タ気の色

12月5日(水)
みをね。　をは 治み

12月6日(木)
みをね。　をね 一セいて 如如り甲子知27气
晩 玄を取いて　ます。右田知氏 と 甲多級の2ての双い
悉いお筆。

12月7日(金)
みをね。　をね 三郎 透み
Slater chap Ⅳ 終き 田中一局。

165

No.

12月15日 (土)

（判読困難な手書き文）

（判読困難な手書き文）

吸済え衣．

$$Hg \quad h\nu \ (2537Å) \quad + \quad H_2 \quad dissociation$$

$$^3P_1$$
$$|$$
$$^1S_0$$

transition state method

第一編．反応を理始の一般的考察

（判読困難な手書き文）

Wilhelmy (1850) ：化るまの反同的意にそれ故ぶ

Natanson : Ann. d. Phys. 24, 45 (1885)

平衡柱紀．

Arrhenius : Z. phys. Chem. 4, 226 (1889)

$$\Delta H = RT^2 \frac{d \ln K}{dT} \qquad \Delta H = A^+ - A^-$$

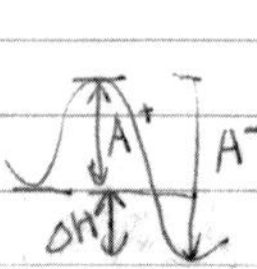

$$k^+ = C e^{-A^+/RT}$$

C : collision no.

A^+ : activation energy

J. Perrin : Les atomes (1912)

Ann. d. Phys. [9] 11, 1 (1919)

No.

$$N h \nu = A^{\dagger} = R T^2 \, d \ln k^{\dagger}/dT$$

$$N_2O_5 : A^{\dagger} = 24.7 \text{ cal} \qquad \nu : 1.16\mu$$

$$2N_2O_5 \to 2N_2O_4 + O_2$$

consecutive reaction

$$(CH_2)_2O \xrightarrow[k_1^{\dagger}]{} (CH_3 \cdot CHO)^* \xrightarrow[k_1']{} CH_4 + CO$$

atomic reaction
chain reaction
Catalysis ←

$$2NO_2 \rightleftarrows N_2O_4$$

Einstein, Berlin Ber. 19, 380 (1920),

$$Na + Cl_2 = NaCl + Cl$$
$$Na_2 + Cl = NaCl^{\dagger} + Na$$
$$NaCl^{\dagger} + Na = Na^* + NaCl$$
$$\underset{h\nu}{}$$

移が 得る？

12月16日 (水)

もはや本に（気団の見学きに行き 楊書配、乾り、能明

そうる。

科学れ取A雪報知 近衛公 今まで 招き 化絵。

167

湯川秀樹＿随想

「科学者の使命」

「静かに思ふ」

「京の山」

科学者の使命

科学者の使命
総ては戦力に
一擲せよ孤立主義
京大理学部教授　湯川秀樹

　年が立ちかはる毎に、私共は心構へを新たにする。過去を顧み将来を望んで、現下に処する自己の責務を改めて自覚しようとするのである。大東亜戦下、第二回目の新春を迎ふるに当つて、私共の感懐はまた格別である。一億の国民は皆同じ一つのことを念願し、同じ方向に邁進しつつある。そこには何等の疑惑もあり得ないのである。万人共通の唯一の心構へがあるだけである。併し今日の国家は極めて複雑なる組織を持つてゐる。その多くの部分が互ひに微妙に関連してゐる。この大いなる組織の中に於いて自己が如何なる役割を果すべきに就いては各個人がそれぞれの立場から十分に考慮しなければならない。各方面に於ける人員の不足を補ふためにも、各人が正しい部署について十二分の技能を発揮することが、何物にも増して強く要求せられてゐるのである。一箇所に於ける欠陥はやがて国家の総力に影響を及ぼさずにはゐないであらう。

　科学も亦、国家総力の重要なる根基の一つであり、且つ軍事、技術、産業等の諸方面と複雑な関連にあることは改めていふまでもない、所が科学自身がまた非常に複雑な構造を持つてゐるのである、それは無数の専門分科に区画されてゐる、無数の科学者の一人々々は、その中のある一つの分科のまたある

科學者の使命

總ては戰力に

一擲せよ孤立主義

京都帝國大學教授
湯川秀樹

京都新聞1943（昭和18）年1月6日掲載

一方面を分担してゐるに過ぎないのである、今日の学者はその面貌が異なる如くにその専門が少し宛違つてゐるのである、一人々々として見れば、いはば極端な片輪者なのである、自分は何でも知つてゐる、何でも出来るといふ人があつたら、その人は最早科学者ではないのである。反対に私共は自分が片輪であることを十分自覚しお互ひ同士如何に協力連絡すべきかを常に真面目に考へてゐなければならない。この点に関しては、わ

171

が国、学界の過去の状態は決して理想的なものではなかつた。由来わが国に於いては近代科学の各部門が多かれ少かれ独立して、それぞれ国外から輸入せられた。それ等は国内で共存し枝や葉を繁茂させてゐた。しかしその根幹は国外にあり、そこから養分を吸ひ取らねば成長を続け得ない様な場合も稀ではなかつたのである、短時日の間に先進国に追ひつく為めには、それも寔(まこと)に止むを得ないことであつたかも知れない。

　今や情勢は既に一変し終つてゐる。今日の科学者の最も大いなる責務が、既存の科学技術の成果を出来るだけ早く、戦力の増強に活用することにあるのは言を俟(ま)たない。併しその反面に於いて科学の真の根基をわが国土に培養するのでなければ応用さるべき科学、技術の源泉は久しからずして枯渇するを免れないであらう。私共科学者の一人々々は自分の担当すべき分野がいづこにあるかを慎重に考慮し、科学においても米英はいふに及ばず、あらゆる国々を後に瞠若(どうじゃく)たらしめねばならない。

　甚だ平凡陳腐ではあるが年頭に当つて感懐(かんかい)を述べ顧みて自ら戒める次第である。

（昭和18年1月6日付京都新聞）

静かに思ふ

湯川秀樹著
「静かに思ふ」

　八月十五日御仁慈深い　聖断を拝して以来、いろいろな意味で勇気と努力とが足りなかつたことを痛感し、幾つかの新聞や雑誌からの執筆の依頼も固く辞退して、反省と沈思の日々を送つて来た。この激動の世界にあつて、正しく生きるといふことがどんなに難しいか、どんなに大きな勇気を要するかをつくづくと思ひやつた。日本はどうなるのか、世界はどう変化して行くのか。これから先き一体何が起つて来るであらうか。前途に困難な問題が山積してゐることは確かである。幾らでも悪い場合が想像出来る。併し一々取越苦労をしてゐては切りがない。私共に取つて大切なのは何が起るかを臆測することではなく、むしろ何が一番正しいことであるか、何が先づ為さるべきことであるかを見定めることにある。

　　　一

　日本はこの戦争に敗れたのである。今後長い間敗戦国としての苦痛を堪へ忍んで行かねばならぬのは必然の運命であり、又当然の義務でもある。しかしそれだからといつて正しいことが間違つたことになり、虚偽と真実とが入れかはるといふ筈は決してない。戦争以前から存在してゐた真理は戦争の最中に於ても、戦争の終つた今日に於ても相変らず真理であり得るのであ

る。少くとも私共自然科学者に取つて真理といはれる所のもの
は——学問の進歩に伴つて進化するものではあるけれども——
時局と共に浮動するやうなものではないのである。例へば原子
爆弾がいつ出現するか、如何なる国によつて実現されるか、如
何なる目的に使用されるか等は、廿億の人間を載せたこの地球
の各地に起る様々の、或は自然的な、或は人間的なそして屡々
少数の人にしか知られない秘密の出来事の複雑微妙な相互関
係に依存してゐたでもあらう。しかし原子爆弾の可能性を指示
する物理的な現象と法則とは、世界各国の学者の自由且つ公
開的な研究によつて、既に戦争以前からわかつてゐたのである。
原子爆弾の爆発といふ現象自身が、むしろ自然法則の時と所と
を超越する真実性を示す最も大規模な実験に外ならなかつた
のである。

　嗚呼最早や戦は終つた。日本は今後永久に平和的国家とし
てのみ自己の存在意義を見出さねばならぬのである。これは日
本に取つて果して悲しむべきことであらうか。戦争は常に人類の
上に数々の大きな悲しみを齎す。私共の経験した悲しみは多種
多様であつた。その中で私自身に取つて一番悲しかつた——と
いふよりもむしろ不愉快だつた——ことの一つは、戦局の苛烈
化に伴つて、新聞紙上に殆ど毎日のやうに「鬼畜」といふやう
な文字を見出さねばならなかつたことであつた。こんなにまでし
て敵愾心をあふらねばこの戦は続けられないのであらうか。たと
ひ戦争中といへども相手をかやうな野蛮な言葉で罵るといふことは、
たまたま日本国民自身の野蛮なことを公表するやうなものではな
からうか。かう考へると私は悲しいといふよりも不愉快、不愉快
といふよりも恥かしかつた。戦が終つて間もなく比島その他に於
るわが将兵の残虐行為が、同じ新聞紙上に掲載された。相手
に向つて発した鬼畜といふ言葉を、今度は日本人の一部にふさ
はしいものとして甘受しなければならなくなつたのである。私は益々
悲しく益々恥かしくなつて来た。

日本は単に戦に負けただけではなかつた。人類に対して大変な罪をも犯してゐたのである。私共の身近に見出す日本人の中にはかやうな凶暴性は平素決して見出されぬにもかかはらず、一部の前線将兵を駆つてこの罪過を犯さしめた原因は那辺にあつたのか。吾々も同じ同胞として果して罪が無いといへようか。この狭い四つの島に七千万以上の同胞が、これから長い間一緒に住んで行かねばならぬのである。お互ひに他をとがめあふばかりならどんなことになるであらうか。皆が一緒になつてこの罪過の償ひをする気持になつて、初めて幸福が立戻つて来るであらう。事実私共全ての前途には測り知れぬ苦難が待ち受けてゐる。否それは既に始まりつつある。しかしただこれを与へられたものとして堪へ忍ぶだけでは償ひはなされない。この苦難をして私共の魂を浄化するための一つの煉獄たらしめねばならぬ。一度この煉獄の中を通過した者は最早強権や暴力によつて動かされることがないであらう。ここに立到れば吾々は最早悲しむことはないのである。むしろ自国の実力に不相応なまでに巨額の軍費の重圧を、常に自らの上に課さなければならなかつたいはゆる大国時代に比して、自国及び世界の文化の進展に全力を傾倒し得る新しい平和時代の中にこそ真の幸福が見出されるのではなからうか。しかもそれは敗者の負け惜みでなく、国民の全てが心から享受し且つこれを全人類と共に頒ち得る清らかな喜びとなるのではなからうか。

　しからばどうしてこの境地に達し得るであらうか。今後連合国、特に米国は先進国として、あらゆる部面に於て日本を指導することに努めるであらう。否この意図は既に著々実行に移されつつある。そしてそれは日本の国内に今尚多く残存する無知と非合理とを除去するのに役立たんとしてゐる。しかし更に一歩進んで日本人自らが高い理想を掲げ、これに向つて邁進して行くのでなければ、日本の真の向上は到底期待出来ない。

食糧問題、失業問題等、急速に解決を要する問題が山積してゐる今日、名のみ美しくして実は内容空疎な理想を掲げるのは甚だ迂遠であるといはれるかも知れない。しかし吾々の日々の生活も何等かの理想を持つことによつて、初めて意味が生するのである。新しい日本には自らそれにふさはしい新しい理想がなければならぬと考へられる。しかし私はそれは却つて余りにも古いが故に、平凡と見られ、陳腐と見られるもの、そしてそれにも拘らず永遠にその新しさを失はぬものでなければならぬと思ふ。これをもう少し詳しくいへば次の如くなるであらう。

二

人間に取つて最高の価値を有するものとして真善美の三つが挙げられたのは、いつの時代に初まるのか私は知らない。近来は真善美といふ言葉は殆ど人の口に上らぬやうになつたが、それは恐らく余りにも屢々使はれた結果、その魅力を失つてしまつたためであらうと思はれる。そしてそれ等は例へば文化とか道義とかいふ言葉で置きかへられた。しかしどんなに言ひ古されても真善美の三つが人間に取つてこの上もなく貴重な宝であり、それ自身として追求さるべき目的であることには、勿論少しの変りもないのである。今日文化といはれるものの中で、学問が真を、芸術が美を希求し、他方道義が善の実践に外ならぬことを思へば、直に納得が行くことである。いやしくも正常に発達した文明国人ならば、自ら意識すると否とに拘らず、これ等の理想に向つての強い欲求を持つてゐるはずである。

しかるに人間世界にはしばしばこれと反対の傾向が現れる。平時に於ても虚偽と醜悪との具現者としての各種の犯罪者を見出すのであるが、それは社会全体から見れば少数の異常者に過ぎない。所が戦争となると、私共が平素追求して来た真善美

の理想などは、むしろ戦争の遂行に有害なものとして見捨てられてしまふことが珍しくない。そしてその代りとして、国民の一人々々が一身を犠牲にして国家目的に奉仕することの中に唯一最高の道義を見出すべく要請されるのである。各人がその属する国家のために全てを捧げるといふことは、もちろん平時と戦時とを問はず極めて当然の義務である。たとひ戦争そのものに反対であつたとしても、戦時中各々の職域において国家目的の達成に最善の努力を為すべきことに変りはないであらう。それは「善」なる理想の一つの具体化でもあるであらう。

しかしながらこの地球上には多数の国がある。それ等の国々のある一つが掲げる国家目的乃至はそれを実現するために取られる手段が正当化されるには、少くともそれ等が人類全体の福祉の増進と背馳しないことが必要である。戦争は常に人類の幸福の破壊者であるといふ意味に於て、極力回避すべきは勿論であつて、単に一国の内部的事情が戦争を不可避ならしめたといふだけで、これを完全に正当づけることは出来ない。

更にまた不幸にして戦争が勃発した場合に於ても、外に対しては出来得る限り国際間の信義と法規の忠実な遵奉者であると同時に、内に向つては戦時に於て特に蔓延し易い虚偽と醜悪の除去にあらゆる努力を払ふべきことに変りはない筈である。今次の戦争中わが国がこれ等両方面に互つて遺憾な点が多かつたことは、既に屢々指摘された通りである。——特に戦争末期に於ける道義の頽廃——かゝる結果を招来した第一の原因が、自国の国力に対して全く均衡を失した大戦争を長年月にわたつて強行しようとしたために、あらゆる方面において極度の物資不足に陥つたことにあるのは今更いふまでもない。「衣食足つて礼節を知る」とは古今東西を通じて変らぬ真理である。進駐軍の秩序正しいのを見て人々はなほ更この感を深くしたでもあらうが、それと同時に第二の——そしてより根本的な——原因のあることを忘れてはならないのである。それは外でもない。個人・

家族・社会・国家・世界といふやうな系列の中から、国家だけを取り出し、これに唯一絶対の権威を認めたことである。『忠君愛国でさへあれば何をしても構はない』といふ考へ方が知らず知らずの間に人心を支配し、社会道徳の頽廃を来したのである。それは却つて真の忠君愛国を冒瀆するものでもあつた。日本が内から見ても外から見ても立派な国家になることが、国体護持の最大の保証である。

　元来個人と国家との間にある中間段階たる家族とか社会とかいふものを全く無視することは如何なる場合にも不可能である。其証拠に隣組とか町内会とかいふ中間的共同体は却つて非常事態に即応する目的を以て発達して来たのである。事実これあるが故に、各人の経済生活の安定がある程度まで保証され、ひいては国家全体としての秩序が維持出来たのである。戦争の終つた今日以後といへども――たとひその形態や根本精神は違つても――種々の中間的共同体が社会秩序を維持して行く上に果すべき役割は大きくこそなれ小さくなることはないであらう。更に又日本古来の家族制度の中には、他の国々では見られぬ美しい肉親の愛情に基く高い道徳性が見出されるのであるが、それは飽くまで個人と社会とを媒介する中間段階と考へられねばならない。自己の家族の利益をある程度まで犠牲にしても隣組のために尽し、隣組の利益をある程度まで犠牲にしても町内会或はそれよりももつと大きな共同体のために尽すことに、より高い道徳性を見出されねばならなかつたのである。

この点に於て、今次の戦争が国民一般にこの種の訓練を施す機会を与へたことは認めねばならぬ。従来わが国に於て最も発達の遅れてゐたのは、社会道徳の実践といふ方面であつた。欧米人に比して日本人の公徳心が甚だしく低いことは何人も認

める所である。公徳心は先づ道路に紙屑を捨てないとか、交通道徳をよく守るとかいふ極めて卑近な日常的行為に現れるのであるが、それだからといつて軽視さるべき理由は少しもないのである。一つ一つの行為は如何に小さくとも、これ等を厳格に実践することによつて、ひとりでに自己一身乃至は家族の利益よりも公共の利益を尊重する心性が養はれて行くのである。今後の教育には社会道徳の昂揚といふことが最も重視されねばならぬであらう。私は従来の軍事教練の代りとして、この種の訓練を施すことが是非必要だと信ずる。そしてそれは国民学校の初年級から初め［ママ］られねば効果が少いであらうと思ふ。戦争中屡々「滅私奉公」いふ言葉が使はれた。私は人々がこのやうな言葉を平気で使ふのを見て、内心非常に驚いた。何故かといへば滅私奉公といふことは、私共の全てが遵奉すべき最高の道徳的規範には相違ないが、本当にこれを実践することはなかなか容易ではなかつたからである。私の如き凡人には様々な形で現れる私情や私欲を完全に抑へることは到底不可能であつた。従つて他人に向つて滅私奉公を説くなどは思ひもよらぬことであつた。前線では特攻隊の勇士が次々と散華して行くのに、どうして銃後では滅私奉公が出来ぬのかと指導者達はいつた。しかし銃後の人々が生き続けて行くためには、何等かの形でその日その日の私生活を営まねばならなかった。その中から贅沢を除去することは出来ても、完全な滅私にまで到達することは聖人でない限り不可能であつた。更に又、国民の幸福を完全に否定してしまつた後に残る奉公とは如何なる意義を持ち得るものであらうか。しかし最早過ぎ去つたことはいふまい。今後の平和日本においても滅私奉公の精神は別の形で顕現されねばならぬ。それは国民の意志を充分に反映し、且つその幸福の増大を目指す共同体への奉仕を意味するものでなければならぬ。

　私はただそれが一足飛びに実現され得るものでないことをいひたいのである。卑近な社会道徳の実践から初めて、漸次そ

の方向に進んで行くのでなければ、結局掛け声に終るであらう。衣食が足るといふことと、礼節を知るといふこととは、互に表裏をなすには違ひないが、今日の事態において特に前者が先決問題であることはいふまでもない。アミーバが人間にまで進化して来た過程は、栄養の摂取と細胞の分裂に初まり、脳髄の発達に終つてゐるが、これに要した年月がどんなに長かつたことか。人間自身も亦、この道程の中にあつて、徐々に向上して行くべき運命を荷はされてゐるのである。人間自身が自然から生れ出た一つの中間的存在であることを忘れてはならないのである。その肉体は一方に於て無数の原子の集団であると同時に、他方に於ては地球全体乃至は宇宙全体から見れば真に蒼海の一粟にも足りないのである。その心性より見れば野獣と神の中間にある。私共に取つて最も誇るべきは野獣から神への不断の向上を怠らない所にあらねばならぬ。

　これと同様に地球上にある国々も亦人間と世界とを媒介する一つの中間的存在である。一つの国家の価値はそれが如何に強大であるかによつて決定されるのではない。それは一方においてその国民の全体に如何に幸福な生活を営ましめ得るかによつて、他方に於て世界全体の福祉の増進に如何に多く貢献し得たかによつて決定されねばならぬ。今回の敗戦は私共に取つて寔にこの上もない悲痛な体験であつた。しかしこれによつて日本国民は上述の如き諸事実を正視する無二の機会を与へられたのである。日本国民がこの破局に到るまでに自らこの事実を悟り得なかつたのは、返すがえすも残念なことであるが、幸ひにして日本は滅亡しなかつた。そして文化と道義とに立脚する平和国家として再出発することとなつたのである。今後の日本の辿るべき長い道程を思ひ見る時、私共の胸はむしろ大きな希望にふくらむのを覚えるのである。

三

　以上において私は主として道義の立場から、日本の過去及び将来を論じた。それは真善美の三つの理想の中の善に関するものであつた。しからば文化の立場から見ればどうなるであらうか。まづ美を追求する芸術に就ていへば、私共はここに明らかに日本の最も誇るべき伝統を見出すのである。日本人の自然と人情に対する繊細且つ鋭敏な感受性は様々な形における美しい芸術品を生み出した。この方面に関する限り吾々は少しも卑下する必要はないのである。しかし欲をいへば、日本人の美的感受性が公共生活の中にも発現されることが望ましい。自分の家は美しく飾るのに公園に弁当殻を撒き散らすことを何とも思はないのは、単なる公徳心の欠如といふ以上に、美の公共性を没却するものといはねばならぬ。戦災によつて荒廃した国土を元の美しい日本に復興するには、美を全ての人の共有物として愛する気持が必要であらう。

　最大の問題はしかし真を求める学問の側にある。公平に見て日本の一番本質的な欠陥はこの方面にあると考へられる。日本人は過去において常に論理的、数理的であるよりも心理的、倫理的であり、科学的であるより文学的であつた。客観的なものよりも主観的なものがより多く愛好された。芸術において日本人がすぐれた才能を示したこと自体がこれ等の傾向を裏書してゐるのであるが、その芸術自身においても、ある客観的なものの写実であるよりも、人間の気持の微妙な変化を捕へることにより多くの努力が費やされたのであつた。勿論自己の瞬間々々の気持を忠実に再現しようとする企ての中にも、真理への欲求が見出されるであらう。しかし真理への道は主観的なものから客観的なものへ、心理的なものから論理的なものへ、一時的なものから永久的なものへと向つて開かれてゐるのである。若しも真理といふ言葉が余りにも広すぎるならば、科学的な真理と限つて置

いてもよい。日本人は潔癖だといはれる。それは確かに日本人の良い資質の一つであるに違ひない。しかしそれが各人の主観的な気持の満足に止まるだけでは不充分である。当然医学的常識の普及に伴ふ衛生施設の発達、公衆道徳の向上にまで成長して行かねばならぬ。さうなつて初めて客観的、公共的、乃至永続的な意味で清潔となり得るのである。

　科学的な真理が客観性、確実性乃至普遍性を増大する為めには屢々質的なものから量的なものへ移行が必要とされる。日本人は大変「勘」がよいといはれる。寒暖計で測るよりも手を漬ける方が、ずつと手つ取り早く、且つ場合によつては却つて正確に湯の温度を知り得ることさへある。しかし勘に頼つてゐる限り、手を触れられないほど熱いか又は冷たい物の温度は知ることが出来ない。又金属と木製品とでは同じ温度でも大変手の感じが違ふのを如何とも出来ない。どうしても何か測定器械を使はねばならぬことになる。科学的な真理の探究が様々な器械を道連れとして行はれ来つたのはけだし当然のことである。科学と技術とは本来分けることの出来ないものであつた。

　所で日本人は一般に大変器用である。種々の実用的な道具や工芸品の製作に於て優秀な腕前を示して来た。日本刀の如きはその代表的な例である。しかるに近代的な工業技術に於ては公平にいつてわが国は第一流国たるを誇ることは出来なかつた。勿論それは工業資源の不足と、欧米の技術を輸入してから未だ日が浅いこととにもよるであらう。更にそこには再び日本人が器用過ぎ勘に頼り過ぎるといふ特殊事情が見出されるでもあらう。しかしそれは却つて複雑な器械の使用を億劫がらせる結果を招いたかも知れない。しかし問題はそこには止まらない。複雑な器械を作るといふこと自身が単なる手わざだけでは出来なかつたのである。そこには常に進歩

した科学による裏づけが必要であつたのである。

しからば科学とは一体何であるか。科学の獲得した結果が、人間の生活に大いなる効用を持ち得たことは事実である。そして最も屢々この効用の故に科学は尊重され来つたのである。近代の戦争は科学戦であるとの理由を以て国家は大いなる経費を支出して科学の研究を奨励した。しかし科学の本領が真理の探究にあることは、如何なる時代においても変りがないのである。真理が人間の求める最高価値の一つであることを自覚せずして科学の本当の進歩を期し得るはずはないのである。真理の探究が他の目的に対する手段としてではなく、それ自身として最も有意義な仕事であるとの自覚こそは科学精神の中核である。ヨーロッパに於ては既にギリシヤ時代にこの精神が最高度に発揮されたのである。それ以後の科学が全てここから流れ出て来たことは、人のよく知る通りである。近代ヨーロッパはこの流れに棹さして、科学を基調とする文化の黄金時代を現出した。併し最近十数年の間に科学の中心は漸次アメリカに移つて行つた。その原因の一つはナチス・ドイツが多くの優秀な学者を、ユダヤ人であるとの理由で追ひ出したことにある。この一事はドイツを敗北せしめる遠因の一つとなると同時に、アメリカを勝利に導く近因の一つとなつたのである。何故かといへばこれらの学者の多くはアメリカに渡つた。アメリカには既にフランクリンやエディソンによつて象徴される発明家の輩出と、豊富な資源に依存する大規模の工業技術の発達とがあつた。海を渡つて来た学者達の多分に理論的な傾向はアメリカ固有の実際的な傾向と相補つて、ここに科学の一段の進歩が約束されることとなつたのである。原子爆弾の出現の如きもその一つの結果に外ならないのである。
　わが国からはこれに比肩すべき新兵器は遂に現れなかつた。総力戦の一環としての科学戦においても残念ながら敗北を喫したのである。勿論これには多くの理由があるであらう。例へば

原子爆弾の場合においても、人的及び物的資源の不足、工業力、経済力の貧困等を挙げることが出来るであらう。一言にしていへば、彼我の国力の大きな差異が物を言つたのである。敗戦の原因が人々によつて色々と挙げられてゐるが、全ては結局彼我国力が懸絶してゐたことに帰着するのであつて、最高指導者がこの点を無視したこと自身が最も非科学的であつたといはねばならぬ。しかし私共は今更負惜みをいふべきではない。原子爆弾を可能ならしめたのは、もともと物理学の最も尖端的な領域における基礎研究であつた。しかるにこの領域内においてさへも、わが科学陣の全力が発揮されたといへない点があるのである。日本の科学は駄目だつたのだといはれるのも理由のないことではないのである。

　そんなら昨日まで屢々日本の科学の優秀性が強調されて来たのは、皆嘘であつたのだらうか。今日その貧困が指摘されてゐるのが真実の全部なのであらうか。所謂「日本科学」の存在を強ひて主張せんとする傾向は、普遍的な真理を探究する吾々自然科学者に取つて特に迷惑なことであつた。しかし一つの行き過ぎは必ず反動を伴ふ。勝てば官軍の例へに漏れず、人々の判断は極端から極端へと走り易い。吾々は冷静且つ公平な判断を下すことに努めねばならぬ。少くとも私共の専攻する理論物理学に関する限り、戦争に負けたからといつて急に卑下する必要はないと思ふ。吾々は過去の非を改めると同時に、特徴は特徴として認め、未来に対する大きな希望を失はぬやうにしなくてはならぬ。そしてこの希望は真理探究の情熱が自由に発揚せられる場合にのみ実現され得るのである。戦時中研究の統制と秘密主義が保持されて来たのは、ある程度やむを得なかつたにしても、屢々それは必要以上に拡大せられ、却つて研究の促進を阻害したことをも否定し得ない。

　とまれ科学は日一日と前進して行く。あらゆる文化は科学を基調としてその姿を変へて行かねばならぬ。科学に於ける大きな

発見や発明は往々にして人類の歴史に画期的な変化を齎す。最近時々、戦争がすんだからもう科学は要らぬだらうといふ声を耳にし、認識不足の甚だしきに呆れざるを得なかつた。農業の科学化の如きも今後急速に実現すべき大問題である。

四

　人間も世界も全ては科学に追随して進化して行くといつても過言ではないのである。真理自身でさへも科学の発展に伴って進化すべき運命を免れることが出来ない。真善美といふ言葉に変りはなくても、その内容は日に日に新らしくなつて行かねばならぬ。私共は一日も怠慢であることを許されない。敗戦によつて打ちのめされた勇気を再び振ひ起して、世界の明日の文化の為めに全力を傾倒しなければならない。その場合科学の成果を飽くまで平和的世界における人類の福祉の増進に活用するやう特に留意すべきは勿論である。科学のみが異常に発達し、人間の道義心の向上がこれに伴はぬ場合には、科学は却つて人類を破滅に導く原動力とさへもなり得るのである。科学自身の内部に於ても、ある方面ばかりが急激に進歩し、他の方面が追随出来ないといふやうな場合には人間世界の健全な発達は阻害され易い。例へば近年物理学を中心とする所謂精密科学は驚くべき飛躍を遂げたのであるが、生物学、医学、心理学乃至は文化的諸科学の進歩のテンポはこれに比して遙に緩慢である。その結果器械を制御すべき人間が、却つて器械に圧倒されはせぬかといふ危惧の念を抱かせられるのである。人間が人間自身の本質に関して、あらゆる方面から絶えざる科学的検討を行ひ、その成果に基づいて絶えず人間の能力と人格の向上を図ることが、今後人類自身に取つて益々重要な課題となつて来るであらう。科学自身が又、人間の人格的行動の一つの結果であることを忘れてはならないのである。（京都帝大教授、理学博士）

（週刊朝日　昭和二十年十月二十八日
十一月四日合併号、十一月四日発行）

京の山

　　移り住む古京の秋の山並の目にさやけくも回る思ひ出

　昭和十八年十月私は上甲子園の仮住居を去つて再び京洛
の地に帰ることになつた。深泥池も程近い新居の二階に上つて、
東から北、北から西へと起伏する山並を眺めた時、あゝ、京都へ
帰って来てよかったとしみじみ感じた。そして幼時から大学時代
に跨る二十数年間の様々な思ひ出が遠近の山々の姿にも似た、
濃淡の微妙なニュアンスをもつて次々とよみがへつて来たのである。
京都にはこの山々は本当になくてはならないものである。建築と
庭園とが山を背景とすることによつてどんなに引き立つかを最もよ
く教へて呉れるのはこの地である。そればかりではない。幾層
をなして京の町全体を三方から緩やかに包んで呉れる山並、そ
れがどんなに長い歳月に亘つて、こゝに住む人々の心に文字通
り平安を与へて来たことか。山はいつも黙して答へないが、多
難な人生の行路にあつて、ふとそれを眺めやる人々の心にどん
なに大きな慰めとなつて作用してゐることか。

　　何事か憂ひある日は殊更になつかしみ見る京の山々

　いづれとして目に親しからぬはなき山々の中でも特に私が身近
に感じるのは比叡の山である。曾つて一中・三高・大学への
登校の途中、荒神橋や出町橋から見た比叡の頂上には二つの
平らな峯が連接して実に穏やかな姿であつた。それは南に隣る
大文字山と較べても、そんなに飛び離れて高いといふ感じはし

なかつた。小学生や中学生に取つて楽に登ることの出来る山であつた。私は何回も何回も登つた。きら、坂からも一乗寺道からも白河道からも。今度移つて来た家の付近から望む比叡はもつと秀麗である。頂上には一つの峯だけしか見えない。北側はや、緩やかであるが、南側はもつと鋭角的な、しかし美しい曲線を描いて所謂比叡アルプスの尾根に続いてゐる。大文字山は遠く且つ遙かに低い。いつ見ても比叡は温雅ではあるが、こ、では幾分孤高といふ感じをも伴つてゐる。人の世の煩ひの中に立ち交つた親しみ易さと同時に、どこかそれを超出した所がある。今の比叡は私に取つて最早や踏破すべき山岳ではない。いつまでも変ることのない友達である。私を混迷と頽廃から救ひ、より高い境涯に導いて呉れる先達でもある。この地を離れてこの山の見えぬ他の大都会に移つたならば、私の心はどんなに索漠たるものであらうか。数年前から私は東京帝大へ転任するやう懇請されてゐた。学閥といふ様な狭い縄張りを全く切り捨て、京都帝大出身の私を招いて下さる東大の先生方の真情に対して私は衷心から感激したのであつた。そして東京へ出て思ふ存分働き、この信頼に酬ひたいと何度考へたことか。しかしこの気持が強くなればなるほど、それに比例して京都を離れたくないといふ気持も強まって来るのであつた。昨年に入つて空襲が激しくなり、研究室を京都から東京へ移すことなど到底不可能と思はれたので、とうとう長年の懸案である転任をお断りすることにした。好運にも戦火を免がれ得たこの地にあつて、遙かに焦土の中から新しい首都の、新しい日本の建設に努力してをられる多くの先輩や親友たちの労苦を思ひ出す度に、私は心の中で「すまない、すまない」といふ言葉を繰りかへさざるを得ないのである。彼の地には住むべき家がないばかりではない。心の憂ひを頒つべき山並をさへも身近に見出し得ないのである。食糧は同じやうに乏しいとはいへ、この美しい自然の恵みの中に生活し得る私は、日本の再建に対して──他の大都会にゐる多くの科学者

に比して幾層倍も大きな——責任を感ずるのである。

　私の父も母も祖父母も同じ姿の山々を見つゝ、生き且つ死んで行つた。学校時代の友達のある者は今もこの地にあり、ある者は他郷へ去つてしまつた。京の山に対してゐると、私自身さへも既に忘れてしまつた過ぎし日の事どもが新緑の木々の間に今も残つてゐるやうに感ずるのである。

　　比叡の山窓にもだせり逝きし人別れし人のことを思へと

　　　　　　　　　　　　　　　（昭和廿一年五月廿七日記）

（洛味社発行「洛味」第一輯、43〜45ページ。昭和21年9月10日発行。表紙は和紙に色刷りしてあり、美しいものである）

「洛味」表紙（昭和21年9月10日発行）

「湯川日記」に想う

永田和宏
歌人／JT生命誌研究館館長／京都大学名誉教授
京都産業大学名誉教授／細胞生物学者

黒川　創
作家

山極壽一
京都大学総長／霊長類学者

永夜清宵

永田和宏

　湯川秀樹先生の、最後の「物理学通論」の通年講義を受けることができた。昭和44年（1969年）のことだったと思う。

　高校時代、微分積分が好きだった。古典力学の美しさに魅せられ、運動方程式と初期状態さえあれば、世界は、そしてそのすべての運動は記述できると豪語していた。塾で、とにかく人と違った解き方で問題を解いてみようと言う先生と出会い、猪木正文の『数式を使わない物理学入門』（光文社）を読んで、ますます物理が好きになった。学問をするのなら物理しかないと思っていたし、物理をやるのなら京都大学以外はないと思っていた。もちろん湯川先生がおられたからである。

　京都大学へ入ったはいいが、三回生になる頃から、物理に付いていけなくなってしまった。大学紛争で一年間キャンパスがロックアウトされ、講義も何もなくなったことが一つ。もう一つは短歌という詩型に出会って、自己表現の魅力に取りつかれ、さらに恋人と出会ったが、その恋人が後に与謝野晶子以来とも言われた河野裕子であったことが三つ目。歌と恋とがリンクしたことになる。私はこれらを三重苦と呼んでいるが、この三重苦のために三回生の終わりには、すっかり物理から落ちこぼれてしまったのである。

　しかし、湯川さんの「物理学通論」は楽しかった。先生も最後の年の講義である。ほとんど孫の世代を前に、いかにも楽しそうに脱線を楽しんでおられる雰囲気であった。今となって

梨木神社にある湯川の歌碑

「千年の昔の園も　かくやありし　木の下かげに乱れさく萩」

は何を話されたかはすっかり忘れてしまったが、私たちが基研
と呼んでいた基礎物理学研究所、通称湯川研の講義室での、
週一回の午後の時間は、殺伐とした大学紛争の時間のなかで、
どこか陽だまりのような暖かさとともの想起されるのである。

　その後、変転を重ねて、なお学者として40年余を生きてきたが、
この湯川さんの講義を受けたというそのことは、私が学者として
の人生を送るうえで、どこかでかすかな自信につながっていたよ
うな気がしている。本物の湯川秀樹に出会い、最後の講義を
滑り込みでとにかく一年受けることができた。何の意味もない自
信であるが、自信とは本来そのような客観的には何の意味のない、
しかし本人にとってだけはなにかの意味を持ったものなのであろう。

　この日記は湯川日記のうちでも、大切な時期のものであること
は間違いないだろう。終戦という時期をまんなかに含んでいる
からである。特に湯川にとっては広島、長崎を見舞った原爆
投下は何よりの衝撃であったはずだ。

この星に人絶えはてし後の世の永夜清宵何の所為ぞや
　　湯川秀樹

　「原子雲」と題された三首のうちの一首であり、歌集『深山木』
に収録されている。「永夜清宵」は「雨月物語」に出てくるフ
レーズが下敷きにある。「江月照松風吹　永夜清宵何所為」と
いう、物語中で禅師がこの意味を考えよと与える章句である。「澄
んだ月の光が照らし、爽やかな風が松を吹く、こんな永い夜、
清らかな宵は何のためにあるのか」というほどの意である。湯
川はあきらかに原爆によって人類が絶えたのちの「永夜清宵」
をそこに見ている。広島、長崎のみならず、今後世界を覆って
いくであろう核の脅威とその結果を、その時点で明らかに見透
していたはずである。

　潮さゐのわたつみの底はかりかねまたあまたたび吐息するかも
　　湯川秀樹

　卒業アルバムを作るというので、湯川先生に歌の揮毫をお願
いに行った。快く色紙に書いてくださったのが、この一首。長
く私の机のなかに、この色紙が保存されてあったのだが、卒業
の時、ヘンな正義感から、これは私してはいけないと、教室に
置いてきてしまった。若気の至りである。あの色紙はどこへ行
ってしまったのだろう。いまにして惜しいと思うこと頻りである。

　　　（ながた・かずひろ／歌人／JT生命誌研究館館長／
京都大学名誉教授／京都産業大学名誉教授／細胞生物学者）

遊んでいる手

黒川　創

　若き湯川秀樹は、全力を傾けて理論上の局面打開に取り組むあいだも、なお片方の手が遊んでいるような青年だった。「中間子論」への道を切りひらく1934年当時の「日記」(『湯川秀樹日記――昭和9年・中間子論への道』、朝日新聞社)を読んだとき、そんな印象が残った。

　ドストエフスキーのユーモア小説「鰐」をはじめ、さまざまな小説を楽しみ、ラジオで浄瑠璃や歌舞伎の中継に耳を傾ける。

　「四面楚歌、奮起せよ」(39年5月31日)――と「日記」に自分への叱咤激励を書きつけながらも、劇場にはせっせと足を運んだ。中間子論発表の講演前日でさえ、そうだった。

　遊んでいるほうの手が、おそらく彼の独創性の源泉だった。『荘子』を好んで読んだ。素粒子という「目に見えないもの」の世界をとらえるには、「蝴蝶の夢」なみに自在な精神の羽ばたきを必要としたということではないか。

　今度、敗戦をまたぐ1945年の「日記」を読んでも、彼の片手が遊んでいる印象は変わらない。ただし、戦況が極限に近づくにつれ、時代の闇はいっそう深くなる。1945年3月17日の「日記」に、こう記す。

　「晩、ドイツ文化研究所に、Schneider のLißt をきく」
　リストの曲の奏者は、エタ・ハーリヒ＝シュナイダー(1897―1986)かと思われる。非ユダヤ系のドイツ人でありなが

ら、ナチスに批判的な信条の持ち主で、彼女は1941年前半に来日したまま故国に戻らず、戦後に至るまで滞日生活を続けた。そのためには、ナチス政権下の駐日ドイツ大使館とも一定の協力的な関係を保っており、京都のドイツ文化研究所での演奏もそれに沿うものだったはずである。一方、彼女は、来日早々にリヒャルト・ゾルゲとも交際した。だが、ゾルゲは41年秋、ソ連のスパイとして逮捕、44年に処刑され、いまはもういない。

　一夜の聴衆に過ぎない湯川秀樹が、こうしたピアニストの個人生活まで知るはずもない。だが、いくばくか、彼女の立場の困難さは想像できたのではないか。なぜなら、ハーリヒ＝シュナイダーの立場が余儀なくされた「二重性」は、ある程度、湯川自身が生きる「二重性」にも重なるところがあったからだ。

　原子核にはとてつもないエネルギーが秘められていると判明して以来、「目に見えないもの」をめぐる自分たちの熾烈な探究は、一歩一歩、原子爆弾の完成をもたぐり寄せてしまっている。——彼の遊んでいる手は、絶えず、その現実も隠さず感じていたに違いない。

（くろかわ・そう／作家）

湯川日記が遺したもの

山極壽一

　昨年（2017年）、日本で初めてノーベル賞を受賞した湯川秀樹博士の1945年の日記が公開された。戦後、自身の原爆に関わる研究については一切黙して語らなかったが、2月3日の日記に「午後　嵯峨水交社にてF研究相談」、6月23日には「戦研 F研究 第一回打ち合わせ会　物理会議室にて」とあるので、核分裂についての軍事研究への参加を記録していたことがわかる。それを湯川がどう思い、敗戦とともにどう心境を変化させていったのか。

　日記には日々の天気と自身の行動が簡潔に記されていて、感想らしき記述はほとんどない。戦況がたんたんと記されているとともに、講義、研究会、試験などの学内業務を実施している様子が見て取れる。7月28日にはポツダム宣言の条件を記し、もはや選択の余地はないと書いている。8月7日には、6日に広島に落とされた原爆の解説を新聞から求められたが断っている。13日には荒勝教授から広島の実地検分の報告を受けたが感想はない。15日に終戦、「正午より聖上陛下のご放送あり」とだけ記し、その後も全く感情を表すような記述はない。9月には度々米軍士官の訪問を受けている。おそらく、湯川の軍事に関わる研究を調査しに来たと思われるが、湯川は研究の視察と思い歓迎して、贈り物の交換で扇子や帯上げなどをプレゼントしている。結局、湯川が処罰されることはなかった。しかし、この間、湯川の心に様々な思いが去来していただろうと思われる。

　それは、8月15日以来二か月間反省と沈思の日々を送ってか

ら、週刊朝日に湯川が書いた長文「静かに思ふ」に滲んでいるからだ。そこには、戦争という大罪と日本人が犯した過ちを乗り越える決意が記されている。その過ちとは社会道徳の実践であり、科学を平和のために活用する努力を怠ってはいけないと警告している。なかでも物理は他の諸科学に比べて飛躍が大きく、人間の本質についての科学的検討が急務であるとも追記している。

　この思いは、1948年に原爆の製造者オッペンハイマーに招聘されてアメリカのプリンストン高等研究所に滞在したとき、アインシュタインに再会して大きく花開くことになる。1955年のラッセル・アインシュタイン宣言に署名、1957年には第1回パグウォッシュ会議に参加して、湯川は世界の核兵器廃絶と平和運動の先頭に立った。

　日本学術会議は発足当時から湯川と共に歩いてきた。1949年の創立の年、湯川がノーベル賞を受賞。1950年と67年には戦争を目的とする科学の研究には絶対従わない決意の表明を行った。昨年3月には再びこの声明を継承し、軍事的安全保障研究と見なされる可能性のある研究について、その適切性を目的、方法、応用の妥当性の観点から技術的・倫理的に審査する制度を設けるべきであると提言している。

　実は湯川と同じように、敗戦によって学問を見直そうとした多くの日本人学者がいる。私の専門とする霊長類学も、戦後の焼け跡の中で産声を上げた学問である。草創期を担った河合雅雄は、戦争という悪が人間の本性かどうかを知ろうという動機が人間以外の動物の社会の研究につながったと語っている。それから70年余り、まだ戦争も核兵器も廃絶には程遠い。国際的な緊張が高まり、科学技術によって兵器は高度化している。今一度、湯川日記の沈黙の行間に目を凝らして、学術の役割を考え直すべきではないだろうか。

（やまぎわ・じゅんいち／京都大学総長、霊長類学者）

解　説

小沼通二

解説

小沼通二

I　はじめに

　　　湯川の歩み

　日本で初めてノーベル賞を受賞した湯川秀樹は、1907（明治40）年1月23日に東京（現在の六本木1丁目）で生まれ、74歳の1981（昭和56）年9月8日に京都で永眠した。ノーベル賞は、27歳の1934（昭和9）年に書いて日本数学物理学会の欧文誌に投稿し、翌年初めに掲載された初めての論文「素粒子の相互作用I」を対象とするものだった。この論文は数年間にわたる苦闘の末、原子の芯である原子核の謎を解明するためにはそれまでに知られていない力が存在し、それに関係して未知の粒子が存在するはずだと確信をもって創り出したものだった。湯川がこの理論で存在を予言した中間子は、1947（昭和22）年に英国のC. パウエルたちの実験で確認され、湯川は1949年にノーベル物理学賞を受賞、パウエルも翌年に受賞した。

　しかし湯川が評価され注目されたのは、ノーベル賞が初めてではなかった。東京大学で1934年11月17日

スウェーデン皇太子よりノーベル賞を授与される

に開催された日本数学物理学会常会でこの理論を初めて公式に講演したときから、師の仁科芳雄（1890〜1951）や友人の朝永振一郎（1906〜1979）からの激励を受けていた。2年後に米国と日本での宇宙線の実験で、湯川が存在を予言した中間子の質量を持った粒子が発見され、湯川は世界的に注目を浴び、1938年には第8回服部報公賞を受賞した。翌1939年には32歳で京都大学教授。この年、招待された専門家だけが少人数で議論する第8回ソルベー会議「素粒子とその相互作用」（10月22日〜29日、ベルギーのブリュッセル）に参加を求められ、合わせてスイスで開催の国際物理学会とドイツ物理学会での講演を依頼された。初めて海外に出かけたのだが、第二次世界大戦がはじまって会議は中止となり、引揚げ船で大西洋を渡ってニューヨークで下船し、1か月間大学・研究機関を歴訪し、帰国した。1942年11月26日から1946年1月28日までは東京大学教授を兼任している。1943年には36歳で文化勲章を受章した。

註　東京大学・京都大学：厳密にいえば1947（昭和22）年9月30日の政令によって、それまでの東京帝国大学・京都帝国大学などが東京大学・京都大学などに改められたのだが、煩雑を避けるため、特に必要な場合以外「帝国」を省略する。

　最初の論文の題を「素粒子の相互作用I」としたのは、続編を展開するとの宣言だった。実際翌年に、第2部を書き始めるが完成しない。坂田昌一の協力を得て第2部が発表されたのは1937（昭和12）年であり、武谷三男が加わって3人連名の第3部が出るのが1938年、この年にはさらに小林稔が参加して4人で第4部を発表した。

　京都大学基礎物理学研究所湯川記念館史料室には、44000点を超える湯川関係の史料が残されている。その中に若い時代の「文献複写ノート」のシリーズがある。その冒頭には、「自己ノ全力ヲ自己ニ最モ必要ナル事柄ニ集中セヨ」という自戒が書かれ、第2冊には、短冊風の1枚の紙片が挟まれていて、「原子核、量子電気力学ノコトヲ一刻モ忘レルナ」と決意が書かれている。湯川は実際に、原子核研究によって中間子論を生み出した。量子電気力学は、20世紀

の物理学の基礎となった相対性理論と量子力学を結び付けた理論で、今日の「場の量子論」に発展している。これは見事な理論なのだが、深刻な欠陥が知られていた。それは近似を高めようとすると、小さい補正ではなく無限大という困難が表れるのである。湯川は第4論文のあと、無限大がでてこない理論をつくることを目指し、生涯をかけての苦闘を続けたのだった。

この日記をしたためた年には、湯川は若いながら、すでに学界の代表者の一人だったのである。

日記

湯川は、1930（昭和5）年末に翌年の「重宝日記」（博文館）を購入したが、日記をつける習慣はつかなかった。習慣になったのは1933年末からだった。翌年はすでに述べたように、ノーベル賞受賞の論文を書き上げた年である。この年の日記は、生誕百年の2007（平成19）年に出版されている。毎年の当用日記使用は、1939年にヨーロッパと米国への初めての4か月の出張前で終わっている。

この前年大阪大学理学部助教授だった湯川は、研究室での活動の記録をつけ始めた。この記録は、1948（昭和23）年に米国のプリンストン高等研究所からの招聘によって渡米する前まで続いた。市販のノートを使い、最後まで書くと次のノートに移り、IからXVまで15冊に及んでいる。表紙には、Xまでには研究室日記、XIからは研究室日誌と書かれているが、内容が変わったわけではない。ところが、自宅で日記を書かなくなってから、次第に研究室日記／日誌に個人の記録も書くようになっていった。

これらのほかに、公開用に書き直した1939年の「アメリカ日記」が発表されている。この元の記録は見つかっていない。さらに1948（昭和23）年の渡米後から1949年末までの日本文と英文の混ざった「Diary II」があり、5年にわたる米国滞在のあとで帰国した翌年の1954（昭和29）年に自宅で書いた日記がある。また最近になって1957年初めに原子力委員会を代表してインドに行ったときの日記が見つ

かった。以上がこれまでに見つかっている日記の全てである。

　本書で取り上げた1945（昭和20）年の日記は、研究室日記IX（1944年9月11日〜1945年3月8日）、研究室日記X（1945年3月9日〜9月10日）、研究室日誌XI（1945年9月12日〜1946年3月30日）から採られた82ページである。

　これまでに公表されている湯川日記のリストをまとめておく。

1934　『湯川秀樹日記　昭和九年：中間子論への道』（朝日新聞社 2009年）〈初めて日記を書き始めた1933年12月23日から1935年2月5日までを収録〉

1938　『理論物理コロキウム記録　大阪帝大 1938』〈『研究室日記／日誌』シリーズ15冊の第I冊の前半。1938年4月21日から12月23日までの記録。京都大学基礎物理学研究所湯川記念館史料室と大阪大学総合学術博物館湯川記念室のウェブサイトに公開〉

1939　「アメリカ日記」〈『極微の世界』（岩波書店 1942年）に収められた要約版の「欧米紀行」（1940年）に大幅な加筆・増補を行った底本に、さらに加筆修正して1948年に完成させた1939年8月25日から10月13日までの日記〉『原子と人間』（甲文社、1948年）145〜294ページ『湯川秀樹著作集7　回想・和歌』（岩波書店、1989年）156〜211ページに収録。

1945　本書の日記本文は京都大学基礎物理学研究所湯川記念館史料室のウェブサイトにも公開。

1954　日記の中のビキニ水爆実験関係部分。京都大学基礎物理学研究所湯川記念館史料室のウェブサイトに公開。

II　当時の情勢

　　　　広がる世界大戦

　1945（昭和20）年は、1939年9月のドイツのポーランド侵攻から始まった第二

次世界大戦の最終年だった。ポーランドとの約束に従って英仏はドイツに宣戦布告したが戦闘には不参加、ソビエト連邦は東からポーランドに侵攻、1940年4月にドイツが北ヨーロッパと西ヨーロッパへの侵入を開始、イタリアの英仏に対する宣戦布告を経て、9月には日独伊三国同盟が成立し、日独伊とその同盟国は枢軸国と呼ばれ、対抗する相手は連合国といわれた。

　これより前1931年に日本は、満州と呼んだ中国東北部で鉄道爆破事件を起こし、満州事変といった軍事行動を開始、翌年には満州国を樹立、1933年3月に国際連盟が日本の満州からの撤退案を可決したことに抗議して国際連盟から脱退。この年10月にドイツも国際連盟脱退。1937年12月にはイタリアも脱退。日本は1937年7月には支那事変と名づけた中国との全面戦争に入った。1941年12月の日本の米英に対する宣戦布告とハワイの真珠湾攻撃、マレー半島上陸からアジアでの戦争が太平洋に広がった。ドイツも、かねてから英仏を支援していた米国に宣戦布告、ほかの諸国の参戦も続き、戦火は世界に広がった。日本はソビエト連邦とは1941年4月に中立条約を結んでいた。

　　枢軸国の敗色

　枢軸国の攻勢は1942年で止まり、逆転が始まった。6月にはミッドウエー海戦で日本は制海権を失った。11月には連合国軍が北アフリカに上陸、ソビエト連邦がスターリングラードで反撃を開始。太平洋では、8月から激戦が繰り広げられたソロモン諸島のガダルカナル島から1943年2月に日本軍は撤退。5月には1942年6月に占領したアリューシャン列島のアッツ島の日本軍が全滅、これを玉砕と呼んだ。それ以来太平洋の島々は飛び石のように来襲するアメリカ軍の手に落ちた。ヨーロッパでは1月末にスターリングラードのドイツ軍が降伏。7月には連合国軍がシチリアに上陸。9月にはイタリアが無条件降伏。ドイツは北・中部イタリアを占領。連合国軍はイタリア半島を北上。1944年にはフランスのノルマンディーに連合国軍が上陸。ドイツに向かって東・西・南方から包囲網を狭めていった。

アジア・太平洋では7月に、ビルマ（現ミャンマー）のインパール作戦が失敗して、日本軍は敗走した。マリアナ諸島のサイパン島では1944年7月に日本軍が全滅。2万人の民間人の約半数が犠牲になった。米軍は、ここに航続距離の長いB29爆撃機用の飛行場を建設し、北海道を除く日本の直接爆撃を可能にした。翌8月にはサイパン島の隣のテニアン島を占領し、1945年8月にはここから広島・長崎への原爆攻撃が行われた。1944年10月にはフィリピンのレイテ島に米軍が上陸。10月10日には、早朝から機動部隊の戦闘機や艦載機1396機が沖縄本島を中心にして南西諸島の無差別爆撃を行った。日本本土の空襲については後で取り上げる。

　この状況の中で、勤労動員は小学校卒業後のすべての学校の生徒に、学業より優先して割り当てられた。戦争激化による人手不足を補うために1944年の1月には、政府が「緊急国民勤労動員方策要綱」とともに「緊急学徒勤労動員方策要綱」を閣議決定し、8月には「学徒勤労令」と「女子挺身勤労令」を公布し、軍需産業、食料生産、軍事研究などへの勤労動員が次第に強化されていった。さらに1945年3月18日には、政府が「決戦教育措置要綱」を決定し、国民学校初等科（今日の小学校に対応）を除くすべての学校の授業を4月1日の新学期から1年間休止することとしていたのだ。

　私の場合、敗戦のときには北関東の農山村に疎開していて、近くの中都市の中学校の3年生だった。4、5年生は工場に動員され、学校にはいなかった。私の学年は、しばしば農業・林業に動員された。その需要のない時だけ学校で授業があった。ただし空襲警報が発令されると授業はなくなり裏山に避難することを繰り返していった。

　　　降伏の選択肢がない全滅と自決

　敗戦までの日本では、神話と歴史が混然とつながり、「万世一系の天皇」は「現人神」であって「神国日本」を永遠に統治する、これが日本の形「国体」

であって、国民は天皇の「赤子」であり、天皇のために生き、天皇のために死ぬのだと、国民全体が教育された。13世紀に、元と高麗の軍が二度にわたって来襲し、対馬と北九州に上陸したときにも、大風雨によって壊滅したのは「神風」が日本を救ってくれたのだとされた。

　1882（明治15）年に明治天皇が陸海軍軍人に与えた「軍人勅諭」には「死は鴻毛より軽し」と書かれ、1941（昭和16）年1月に東条英機陸軍大臣が発表した訓令「戦陣訓」のなかでは「生きて虜囚の辱を受けず」とされた。そのため、戦闘に敗れても、降伏するという選択肢は与えられていなかった。初期の撤退命令は転進だとされ、制海権と制空権がなくなってからは、弾薬も食料も補給されない中で最後の一兵まで死守せよとされた。1943年5月のアッツ島の全滅以降、米軍に上陸された太平洋の島では、全滅が続き、敗北の責任者は、自ら死を選ぶことがしばしばで、自決を強要されることもあった。

　さらに「敵の捕虜になると残虐な目に遭う」との1890〜91（明治27〜28）年の日清戦争以来の教育も加わり、軍人だけでなく市民も戦火を避けて敵の占領地に移動することに抵抗感が強く、軍の配備情報などが敵に漏れることも恐れられた。このためサイパン島や沖縄で自発的や強要の下で市民の集団自決が起こったのだった。

　　　　日本空襲　被災者の戦後　飢餓

　対米開戦時のハワイのパールハーバー攻撃では、米国の航空母艦は港内におらず、被害を与えることができなかった。そのため1942年に入ると太平洋の日本軍の手薄なところに米空母機動部隊が出没し始め、4月18日には航空母艦からのB25爆撃機16機による日本本土初空襲があった。東京、横須賀、横浜、名古屋、神戸などを爆撃、15機は中国大陸に不時着して乗組員は捕虜になり、1機はソビエト連邦に不時着した。

　その後、米国は爆弾を5トン搭載して航続距離が6000kmという長距離爆撃機

B29の開発を急ぎ、1943年11月のカイロ会談で中国に対し、B29の実戦配備が可能になる1944年3月末までに、成都周辺に飛行場を建設するよう要請した。飛行場は4月に完成、それまでに米国は航空燃料、備品の備蓄を進めた。そして6月16日に75機のB29が成都から2500kmの北九州市の八幡製鉄所を初めて空襲した。

1944年6月15日にマリアナ諸島のサイパン島に上陸した米軍は飛行場建設を急ぎ、11月24日以後ここからの日本本土の軍事目標への精密爆撃を開始した。成都に展開されていた航空部隊も北海道・東北を除いた本土のどこにでも到達できるサイパン島に移動した。この時期の爆撃は、主に明るい日中の9000〜10000m上空からの高性能爆弾投下だった。この高度では日本の高射砲も届かず、戦闘機も対応できるのは5000m上空までだったので、迎撃は無力だった。この爆撃方法は1945年3月10日夜の東京大空襲から変更された。夜間低空で都市に侵入し大量の焼夷弾でおこなう大規模無差別爆撃が始まったのだった。これは大都市から始まり、中小都市に及んだ。

湯川は、新聞の空襲記録を克明に日記に書き写し続けた。非戦闘員の市民が戦渦に巻き込まれ、生活が破壊され、生命まで奪われることは、サイパンや沖縄での地上戦、日本の各地の空襲による被災以前から、破壊力が拡大した近代戦では常に起こっていたことだったのだが、戦時中の日本では、湯川の日記を含めて、被災者についての記述は少なく、さらにはアジアの各地、太平洋の島々の戦場で非戦闘員に与えた被害に気が回ることはなかった。湯川は東京への出張のときに直接見た被災者の状況を和歌に残している。これについては最後に取り上げることにする。

戦中から戦後にかけて、物資不足から厳しい広範囲の統制制度が実施された。食料については、1939（昭和14）年に米穀配給統制法が制定され、米の配給制度が実施された。1942年食糧管理法が制定されて統制が拡大・強化され、米のほか麦・いも類・雑穀も統制の対象になった。購入できる量が制限されたのである。さらにトウモロコシやカボチャなども主食としてコメの代わりに配給

された。配給量だけでは生命の維持に不足であり、さらに遅配がしばしばだった。この食糧危機の影響を強くうけたのは、都市の住民、空襲による被災者、疎開者、海外からの引揚者たちだった。これらの人たちは、食料を求めて農村に買い出しに行かなければならなかった。都会に向かう列車を止めての違法な買い出し品の摘発もしばしばだった。

その上に猛烈なインフレーションが襲ってきた。貨幣価値がみるみる下がっていくのでお金だけでは農家から食料を買うことができず、戦前からもっていた衣類などで入手しなければならなかった。空襲の被害者など交換すべきものがない人たちは、飢餓に苦しみ死者も出た。湯川はこの状況を、10月26日の日記に書き留めている。

　　京都の馬町空襲

京都では、1月16日午後11時19分に初めて空襲による被害が出た。1機のB29が東山区の東大路通の馬町付近から東にかけて250ポンド爆弾20発を投下した。この空襲について1月18日の朝日新聞は「夜間爆弾投下　関東中部関西にB29 マリアナ基地のB29は十六日午後七時頃、名古屋地区に、同十一時三十分過ぎ京都地区に各一機をもって侵入、爆弾を投下した、…少数機の夜間来襲に際して焼夷弾を使用せず爆弾のみを使用した点が従来とちがっている」と書いた。

湯川はこの空襲について、18日の日記に「16日夜、京都市東山女専（女子専門学校）へ米機爆弾投下」と書き、25日の日記に詳細な被害状況を記録している。当時一般にこのような詳細な被害状況が発表されることはなかった。湯川がどこから情報を入手したかは不明だが、京都府の記録と死者数、半壊戸数が一致している。ほかの数字には違いがあるが、京都府のデータは最終のものだと考えると、湯川は府庁か警察から情報を得た可能性があるだろう。

広島・長崎の原爆の報道

　湯川は朝日新聞を購読していたので、主に朝日新聞大阪版を見ることにする。当時は、朝刊は小さな文字の2ページだけで、夕刊は発行されていない。8月6日の広島被爆は、7日の15時30分に大本営から

　　一　昨八月六日広島市は敵B29少数機の攻撃により相当の被害を生じたり

　　二　敵は右攻撃に新型爆弾を使用せるものの如きも詳細目下調査中なり

と発表された。大阪の朝日新聞は7日に、「西宮、広島暴爆」などの見出しで速報し、8日の見出しには、「残忍無比敵の企図　広島暴爆に新型爆弾　落下傘で投下空中破裂」「少数機でも侮るな　急げ都市の大疎開」と書かれていて、記事には「相当数の家屋の倒壊」「無辜の民衆を殺傷する残忍な企図を露骨にしたものである」とある。さらに「すでにトルーマンの如きも新型爆弾使用に関する声明を発表してゐる」と書かれていたが、その内容には触れていない。なお前日7日の東京の朝日新聞には、小さく「広島を焼爆　六日七時五十分頃B29二機広島市に侵入、焼夷弾爆弾をもって同市付近を攻撃、このため同市付近に若干の損害を蒙った模様である（大阪）」（全文）と書かれている。

　米国のトルーマン（Harry Truman, 1884～1972）大統領は、ホワイトハウスを通じて8月6日午後1時（日本時間7日午前0時）に「16時間前に米国の航空機1機が日本の有力な陸軍基地広島に1つの爆弾を投下した。是が原子爆弾である」に始まる声明を発表した。これに続きスティムソン（H.L.Stimson, 1867～1950）陸軍長官が補足の発表を行い、続いて共同開発に参加していた英国のアトリー（Clement R. Attlee, 1883～1967）首相も声明を出した。

　トルーマン声明は、短波放送を傍受した同盟通信社から理化学研究所の仁科芳雄（1890～1951）に7日朝届けられたことがわかっている。

　湯川の8月7日の日記には、「午後　朝日新聞、読売新聞等より広島の新型爆弾に関し　原子爆弾の解説を求められたが断る」と書かれている。記者の求め

は当然大本営発表とトルーマン声明を踏まえての質問だったろう。湯川は、大本営発表以上の情報を持たず、たとえ記者からトルーマン声明を聞いたとしても、その真偽を判断する材料はなく、自ら関係している軍事秘密のF研究について話すことも許されていなかったのだから、記者の求めを断る以外なかった。

　9日の新聞には、「新型爆弾の過大評価禁物」「強い爆風と高熱　熱線爆弾の類か　掩蓋壕に入れば安全」「鉄筋建築は無事　火傷を厳戒、半袖は不可」「退避する時火の用心」「一機も厳戒の要　敵の攻撃方式一変す」との見出しの大きい記事が載り、10日にも「壕と防空服装を整備　新型爆弾へ防空総本部の注意」「ピカッ！　物影に」「広島の体験を生かせ」と題する記事が大きい。

　11日の朝日新聞は、「帝国、米に厳重抗議　原子爆弾は毒ガス以上の残虐」と題して、10日に中立国のスイスに駐在する公使から、スイス政府を通して米国政府に抗議文を送り、それとともに赤十字国際委員会にも説明するよう訓令を発したとして、15字70行の以下の通りの抗議文全文を掲載した。

　米機の新型爆弾による攻撃に対する抗議文
　1945年8月10日　大日本帝国政府　スイス政府を通じ米国政府に提出

　　本月六日米国航空機は広島市の市街地区に対し新型爆弾を投下し瞬時にして多数の市民を殺傷し同市の大半を潰滅せしめたり
　　広島市は何ら特殊の軍事的防備乃至施設を施し居らざる普通の一地方都市にして同市全体として一つの軍事目標たるの性質を有するものに非ず、本件爆弾に関する声明において米国大統領「トルーマン」はわれらは船渠工場および交通施設を破壊すべしと言ひをるも、本件爆弾は落下傘を付して投下せられ空中において炸裂し極めて広き範囲に破壊的効力を及ぼすものなるを以ってこれによる攻撃の効果を右の如き特定目標に限定することは技術的に全然不可能なこと明瞭にして右の如き本件爆弾の性能については米国側においてもすでに承知してをるところなり、また実際の

被害状況に徴するも被害地域は広範囲にわたり右地域内にあるものは交戦者、非交戦者の別なく、また男女老幼を問はず、すべて爆風及び輻射熱により無差別に殺傷せられその被害範囲の一般的にして、かつ甚大なるのみならず、個々の傷害状況よりみるも未だ見ざる惨虐なるものと言うべきなり、抑々交戦者は害敵手段の選択につき無制限の権利を有するものに非ざること及び不必要の苦痛を与うべき兵器、投射物其の他の物質を使用すべからさることは戦時国際法の根本原則にして、それぞれ陸戦の法規慣例に関する条約付属書、陸戦の法規慣例に関する規則第二十二条、及び第二十三条（ホ）号に明定せらるるところなり、米国政府は今次世界の戦乱勃発以来再三にわたり毒ガス乃至その他の非人道的戦争方法の使用は文明社会の輿論により不法とせられをれりとし、相手側国において、まづこれを使用せざる限り、これを使用することなかるべき旨声明したるが、米国が今回使用したる本件爆弾は、その性能の無差別かつ惨虐性において、従来かかる性能を有するが故に使用を禁止せられをる毒ガスその他の兵器を遥かに凌駕しをれり、米国は国際法及び人道の根本原則を無視して、すでに広範囲にわたり帝国の諸都市に対して無差別爆撃を実施し来り多数の老幼婦女子を殺傷し神社仏閣学校病院一般民家などを倒壊または焼失せしめたり、而して今や新奇にして、かつ従来のいかなる兵器、投射物にも比し得ざる無差別性惨虐性を有する本件爆弾を使用せるは人類文化に対する新たなる罪状なり帝国政府は自からの名においてかつまた全人類及び文明の名において米国政府を糾弾すると共に即時かかる非人道的兵器の使用を放棄すべきことを厳重に要求す

註　陸戦ノ法規慣例ニ関スル条約付属書、陸戦ノ法規慣例ニ関スル規則（ハーグ陸戦条約、1907年10月18日署名、1910年1月26日発効）
第二十二条　交戦者ハ害敵手段ノ選択ニ付無制限ノ権利ヲ有スルモノニ非ス
第二十三条　特別ノ条約ヲ以テ定メタル禁止ノ外特ニ禁止スルモノ左ノ如シ
ホ　不必要ノ苦痛ヲ与フヘキ兵器、投射物其他ノ物質ヲ使用スルコト

この記事のわきには「新爆弾長崎攻撃」と題して、

西部軍管区司令部発表（九日十四時四十五分）

一　八月九日十一時ごろ敵大型二機は長崎市に侵入し新型爆弾らしきものを使用せり

二　詳細目下調査中なるも被害は極めて僅少なる見込

と記載されている。

　米国政府への抗議文には全然でてこない「原子爆弾」という表現が新聞の見出しに突然登場した根拠は、大阪の朝日新聞からはわからない。しかしこの日の東京の朝日新聞を見ると理解できる。そこには、「原子爆弾の威力誇示　トルーマン・対日戦放送演説」と題して、米国・英国・ソビエト連邦の3か国首脳がベルリン郊外のポツダムにおいて7月17日から8月2日まで行った第二次世界大戦の戦後処理の会談から帰国したトルーマン大統領のラジオ演説が紹介されていて、その最後に「米英重慶三国共同で対日警告を発し条件を提示したが日本の拒否するところとなった。そのため日本に対し最初に原子爆弾が使用された。…」と書かれていた。これ以後の朝日新聞には「新型爆弾」「新爆弾」「原子爆弾」の用語が混在する。しかし日本政府と軍部は、敗戦まで「原子爆弾」との表現を使うことがなかった。

　毎日新聞を見ると、「原子爆弾」との表現は敗戦まで使われていない。

　京都新聞の扱いは興味深い。広島・長崎の被爆が原子爆弾によるものだということは、8月15日の敗戦以前に書くことはなかったのだが、本書の103ページに掲載した紙面からみられるように8月9日付に「原子爆弾　敵米英必死で研究」という記事が載っている。そこでは、前半は7月20日のエキスチェンジ通信社ロンドン電による英国上院での長距離兵器に関する討議の紹介、後半は解説である。前半には

　　「英国の科学者は比較的重量が少くて相当な破壊力を発揮する炸薬の発明に成功した」

　　「長距離兵器をもつて大都市を完全に破壊してしまふことさへ可能」

　　「かかる危険に対して考えられる措置としては、国際委員会を設置して常

に世界中におけるこの種兵器の準備的行動をすべて管理するほかはない」

との発言と、長距離兵器第一の権威ダーンレイ伯爵の

　　　「こんな［兵器を用いる］戦争はただに［ママ］人道を滅ぼすのみならず、
　　　全世界を破滅に導くものだ」

との発言を紹介し、解説の中で

　　　「ダーンレイのいふ非人道長距離兵器とは原子爆弾のことだ」と断言し、
　　　「去る6日の広島攻撃に用ひた新型爆弾といひ、この種の研究に米英が必
　　　死の努力を傾注している事実は厳戒を要する」

と結んでいる。京都新聞は、8月13日の紙面でも、「原子爆弾　既に独ソ戦で応用」
という出所が書かれていない15字67行の解説を掲載した。その中で、

　　　「敵米が先般来我が都市爆撃に使用している高性能新型爆弾の原理・
　　　性能等に就いては目下調査中であるが、之に関連して先ず原子爆弾が考
　　　へられる」
　　　「独ソ戦で双方とも対戦車砲に使用」
　　　「昨年秋の独軍のルントシュテット攻勢［連合国側ではバルジの戦いという］
　　　ではこの種原子爆弾を使用されたといはれ」

と書き、核分裂やそのときに発生する多大なエネルギー、さらに高密度の白色矮
星らしい説明が不消化のまま登場している一方、

　　　「この原子爆弾が一たび投下されるやその地域は一切の動植物が生存を
　　　停止し、森林は焼き尽され、爆風に当つた者は、粉微塵になると伝へられた」
　　　「米英側のこの種原子爆弾乃至其の類似物の研究も相当程度に進んでい
　　　る筈であり、また敗戦独逸が現実に使用するに至らなかつた研究上の「遺
　　　産」もあり、実戦上に登場して来ることも当然想像しなくてはならぬ」

と締めくくっている。今日の目で見れば、米英の発表は知っているが書けないことを
もどかしく思いながら、行間を読み取ってほしいと願いつつ9日と13日の記事をまと
めたのではないかと私は想像している。

　実際には、仁科芳雄や荒勝文策が広島で放射能を確認した後10日に広島で

開かれた「陸・海軍合同特殊爆弾研究会」に出席・報告した結果は、陸軍航空本部技術部の名前で「原子爆弾なりと認む」と10日中に大本営に発送されていたのだった。しかし日本政府と軍部は、敗戦まで「原子爆弾」との表現を使うことがなかった。

　トルーマンの8月6日声明の内容が日本国内で報道されるのは敗戦後だった。なお原子爆弾という言葉は戦前から構想があったため日本でも使われていた。

　　　　戦争終結直後の書類焼却

　8月25日の日記には京都大学理学部教授会があったことが書かれている。この日は、戦争終結後2回目の教授会だった。この日の議事録は見つかっていないが、湯川の鉛筆による手書きメモが2枚のB5判の粗末な紙（わら半紙）の両面に残され、京都大学基礎物理学研究所湯川記念館史料室に保存されている。これによって、全国の大学で書類の焼却を行うよう文部省から詳細な指示が出されたことが初めて明らかになった。これまで知られていなかったことなので、全文を引用しておく。

　①教授会（廿、八、廿五）
　○　専門教育課長尾関氏、近畿地方校長会議
　　　文部省より指示事項
　一　秘書課　大学等にては支那事変、大東亜戦争　行賞関係書類、
　　　召集延期等　軍関係　兵役関係、研究業務委託等に関する書類
　　　焼却の事
　　　女子職員よりの退職願出では許可の事
　　　進駐地外への転職を勧奨の事
　一　動員課、動員解除の通牒近く実行の事
　　　学校工場化書類焼却の事
　　　各学校が各工場とを直結せる書類焼却の事
　　　残し置き度書類は一部づつ個人的隠トク差支なし

学徒隊指導班解消

今後の教育に対し、国体護持の精神把持(はじ)の完遂

一　専門教育局、機密書類の処理、戦時研究に関するものは委託者に連絡処理、敵に利用さる、おそれある書類は焼却　委託生産実施中のものは必要書類の処理、図書館図書の中隠トクする必要あるものの特別処置

大学特別研究生の研究事項は一応抹殺、平時に帰る事

戦時召集延期者名簿の焼却

講座の改変

設備の機密保持　軍より一部譲渡の申越は校費として受入れること

動員解除せる学校には訓育重点教育実施

外国人留学生は当分教育停止、保護（事情により教育継続するも可）

一　教育局　まる秘関係書類一切焼却　思想事件に関する文書等焼却　国宝等の目録の処置

一　科学局　軍工場等より資材譲渡　研究委員名簿焼却

②学部長会議　総長指示

一　講座名、学科名、内容等　この際改める必要あるもの

例へば「航空物理学」→　「物理学第七講座」　研究所の名前の変更

野村研究所は八月十四日附認可

一　特別研究生研究題目の変更

一　学内防空壕の整理、元の状態に復す

事務監報告　東京の形勢、十五日前後に可なり憂慮された、廿三日頃には可成落着く。大きな動揺はあるまい、廿一年度予算　戦争に直接関係あるものは落すかも知れぬ

○講座講義名　特別研究生研究題目

○学生の授業　→　九月三日開始　→　学生に通知　卒業二十二日

　私は、陸海軍や外務省で大量の秘密書類の焼却が行われたことは知っていたが、大学でもここまで、ということは大きな衝撃だった。

占領軍の言論統制

　日本は1945（昭和20）年9月から1952年4月まで連合軍の占領下におかれた。連合国軍最高司令官総司令部（GHQ）は1945年9月10日に指令16号「新聞報道取締方針」を発表した。その最後は、「最高司令官は、真実に反しもしくは公共の安寧を妨げるが如き報道をおこなった新聞・出版・放送局の業務停止を命じることがある」となっていた。続いて、9月19日には指令33号Press Code for Japan「日本に対する出版遵則」を、22日には「日本に対する放送遵則」を発し、検閲を開始した。

　しかし、7月26日のポツダム宣言では、日本政府に対し「言論、宗教、及び思想の自由並びに基本的人権の尊重を確立」することを要求していたので、検閲・発禁を公然と行うことはできなかった。

　各出版社に発した通達には、訂正を求めたときにとるべき処置として次の記述が含まれていた。

　　9　訂正ハ常ニ必ズ制作ノ組直シチ以テナスベク、絶対ニ削除箇所チインキニテ抹消シ、余白トシテ残シ、或ハソノ他ノ方法チ以テナスベカラズ。尚、ゲラ刷チ提出セル後ハ、当検閲部ノ承認ナキ追加又ハ変更チナスコトチ得ズ。

その上、次のような注意書きが各出版社に配布された。

　「出版業者への注意書

　一．　削除を指令された場合は左の如き行為をせず必ず組み変え印刷すること。

　　1．　墨にて塗りつぶすこと

　　2．　白紙をはること

3.　○○○等にて埋めること

　4.　白くブランクにすること

　5.　頁を破り取ること

二.　表紙、奥付、序文、目次、写真、広告、其の他如何なる記事も
　　当事務所の許可なく挿入、追加、削除、変更するを得ず。

三.　ゲラ刷りは必ず製本内に入る総ての記事及び第二条に示されたるも
　　のを包含するものとす、且つ二部とす。

四.　書籍は理由の如何を問はず事前検閲とす。

五.　ゲラ刷受領日には間違いなく受領に来られ度し。

六.　ゲラ刷の‖=○□×等の記号は出来得る範囲でこれを避けもし已むを
　　得ず使用する場合には必ず其の意味する「仮名」又は「漢字」を
　　もって書き込むこと。

七.　印刷後の納本は理由の如何を問わず遅滞することを禁ず。

民間検閲局　出版物検閲部」

　検閲に際しての「削除および発行禁止対象のカテゴリー」（1946年11月25日
付の30項目）」は、1979（昭和54）年秋から翌年にかけて、江藤淳がワシント
ンD.C.にあるウィルソン研究所で発掘した。その中には

　1.　SCAP（連合国軍最高司令官もしくは総司令部）に対する批判

　2.　極東国際軍事裁判批判

　3.　GHQが日本国憲法を起草したことへの言及と成立での役割の批判

　4.　検閲制度への言及

　5.　アメリカ合衆国への批判

　　⋮

　16.　戦争擁護の宣伝

　17.　神国日本の宣伝

　18.　軍国主義の宣伝

　19.　ナショナリズムの宣伝

などが含まれていた。

　ここから見えることとして、発行禁止とともに削除を求められた時の対応が、著者と出版社・新聞社などに与えた負担が時間的にも経済的にも非常に大きかったことは間違いない。

　その結果、事前に自己規制が起きたであろう。自己規制は要求される範囲を超えて広がるものである。占領軍の検閲の方式は巧妙であった。

III　湯川の行動と思索

　　　京都大学と東京大学で

　1945年には、湯川は京都大学教授であって理学部物理学教室主任、東京大学教授を兼ねていた。この年の湯川は、旅行と年末年始と体調不良のため自宅で静養したとき以外は、ほとんどすべての月曜日から土曜日まで、時には日曜日にも京都大学に「登校」している。

　学生には、水曜日に量子力学の講義、木曜日に素粒子論の講義を行い、火曜日には二回生（二年生）に標準的な教科書の割り当てた部分を報告させ討論するという演習、金曜日と土曜日には三回生（三年生、当時は最終学年）に基本的な論文を読ませる演習を担当した。

　学生が勤労動員に出かけると授業は休み、戻ってくると夏休みもなく講義と演習を続けた。そこで取り上げていたのは物理学の基礎であって、巻末250ページの「湯川研究室で議論した物理学論文・書籍」の表を見ると、敗戦による戦争終結の前後で内容もペースも変更がない。研究室の談話会／理論談話会で、新しい論文としては国内の理化学研究所の欧文誌のほかスイス物理学会の雑誌を熱心に議論していることが分かる。戦争末期のこの時期には、中立国スイスとソビエト連邦からは、8月9日の参戦まではシベリア鉄道経由で学術雑誌が届いて

いたのだ。スイスには湯川の中間子理論を発展させている研究者がいて、それらの論文には他国の研究も引用されていたので、この小窓を通して世界の動向を覗き見ていたのだった。

東京大学には4回出かけて講義を集中して行ったが、研究指導を行うことはなかった。

　　　　旅行

空襲が続き、乗車券・急行券の入手が困難な中で、旅行に8回出かけている。

2月　6日間　東京往復夜行　理化学研究所　日独懇談会　東京大学理学部物理学教室で2回講義　学術研究会議宇宙線班の会　長岡半太郎訪問　切符が買えず翌日購入　満員列車の窓から下車

3月　5日間　朝京都発　列車の故障により豊橋駅で夜を明かし22時間後に浜名湖の北側の佐久米に到着　熱線吸着爆弾の投下実験を佐久米と舘山寺で視察し、動員された浜松高等工業学校生徒の活動も見学。（詳細は220〜229ページ）

3月　2日間　姫路　姫路高等学校（旧制度）で講演「輓近の物理学」　白鷺城　午後姫路発　大阪で途中下車して湯川胃腸病院に立ち寄って夜帰宅。

5月　3日間　夜行列車で広島へ　広島文理科大学での特別科学教育研究会出席　広島大学理論物理学研究所　爆弾落下の跡を見る　朝広島発夕方帰宅。

6月　4日間　夜行で東京へ　焼野原を歩いて移動　東京大学工学部冶金学教室と理学部物理学教室　小谷正雄と西川正治と会って10月転任を承諾（京都に帰ってすぐ取り消し）。3日目午前　新宿から中央本線で長野県富士見へ疎開中の坂田昌一と名古屋大学学生に会う　翌日富士見から塩尻、名古屋経由で帰宅。

9月　2日間　京都の特別科学教育学級の疎開先の京都府船井郡須知町（現京丹波町）を訪問。農林学校生徒と疎開児童に講演。トラックで帰宅。

9月　4日間　夜行で東京　東京大学　理化学研究所　K. T. Compton と P. Morrison を訪ねたが会えず　朝東京を出て夜帰宅。

11月　3日間　夜行で東京　和田小六　前田多門文部大臣　田中耕太郎学校教育局長　朝東京を出て窓ガラスのない寒い列車で帰宅。

　　　　　原子爆弾開発を目指した海軍のF 研究への参加

　湯川が正式にかかわった軍事研究は、海軍から荒勝文策が依頼された軍事研究37-2（F研究、「ウラン」「原子エネルギーの利用」）だった。首相の管理のもとに設置された研究動員会議に荒勝から提出された「実施要領及び構成」には次のような内容が残されている。

　　　期間　第一次終了　昭和20年（1945年）10月

　　　　　　第二次終了　昭和21年（1946年）10月

　　　目標　目的物質の軍事化に付必要なる資料を探求するにあり

　　　研究方針　鉱石より目的物を分離、同位元素の分離、基本数値の測定等
　　　　　に関する研究並びに応用に関する研究並びに応用に関する検討を行な
　　　　　い活用上の資料を得んとす。

　湯川が担当したのは「原子核理論」である。1944年10月4日に大阪・中之島にあった水交社で行われた海軍と京都大学、大阪大学、名古屋大学関係者の「ウラニウム問題」の第1回会合において、湯川が「連鎖反応の可能性」について講演したということが、「ニウトロン」（中性子）を担当した坂田昌一（名古屋大学）の記録に残されている。

　日記の2月3日には、荒勝、堀場信吉、佐々木申二とF 研究の相談をしたと書かれている。F 研究において、堀場は「原子核化学」、佐々木は「弗化ウランの製造及放射能化学」を担当していたので、この日の相談はウラン235を238から分離する濃縮に必要な気体の6弗化ウランの製造が話題になったものと思われる。4月18日には小林稔と野間、鈴木坦と核分裂研究会を行い、5月30日には小

林と野間と核分裂談話会を開いている。これは小林が「ウラン分裂理論」を分担して臨界量の計算を進めたことから、小林の研究を中心としたものと思われる。

　その2日前の5月28日に湯川は荒勝から、戦時研究37-2（F研究）が正式に決定したとの通知があったことを聞いている。「同位元素分離のサイクロトロン」を分担した清水栄はこの直後に戦時研究員の辞令を受け取ったと書いている。一方湯川は、戦後になって占領軍に提出した報告に、戦時研究員だったが辞令は受け取っていないと書いた。

　6月23日に湯川は戦研F研究第1回打ち合わせ会が京大理学部物理会議室で開催されたことを書き、出席者名を列記している。そこには上に書いた荒勝、湯川、坂田、小林、清水、佐々木、堀場をはじめ、「基本測定のサイクロトロン」担当の木村毅一、「ウラン採取金属ウラン」担当の岡田辰三、「重水素化合物」担当の石黒武雄、「弗化ウランの性質並に基本測定」担当の萩原篤太郎のほか上田がリストされている。京都大学のF研究戦時研究員全員が出席だった。

　日記の7月21日には、琵琶湖ホテルに行ったと書かれている。この日は戦時研究決定後初めての海軍との正式会合だった。ここで湯川は「世界の原子力研究」について話している。この内容は残されていないが、湯川はウランの核分裂発見直後の1939（昭和14）年に米国の大学・研究機関を訪問したときに、ウランの研究を各地で見せられている。この年には、世界の核分裂の論文の詳細なリストがReviews of Modern Physics誌にまとめられている。1939年6月にナトゥール・ヴィッセンシャフテン（自然科学）誌に掲載されたフリュッゲ（S.Flügge）の論文には酸化ウラン1立方メートルのU_3O_8（酸化ウラン）から、0.01秒以内に1.0×10^{12}キロワット時のエネルギーが発生する可能性があることが示されて、この論文は世界中で注目されていた。湯川はスイス物理学会の機関誌で原子核理論の基礎である中間子論の論文を読み続けていた。このようなわけで「世界の原子核研究」一般については精通していたが、原爆研究に役立つ内容は秘密研究でどこからも入手できなかったから、湯川の講演が一般的な説明以上であったはずはない。

　この日の会合が、F研究の最後だった。湯川日記にF研究の記述が多いと

は言えないが、初めて明らかになった内容は少なくない。

熱線吸着爆弾開発と湯川の視察

　湯川は3月5日から9日まで浜名湖北東部で行われていた軍事研究の視察に行った。日記には「見学」と書いている。ここで行われていた研究は、いまや数少なくなった関係者と地元の郷土史家以外にはほとんど知られていなかった㋘と呼ばれた熱線吸着爆弾開発だった。㋘は決戦兵器の「ケ」だといわれている。

　㋘の発案者であり、開発全体の責任者だったのは、1944（昭和19）年3月に陸軍兵器行政本部技術課長になった野村恭雄大佐である。彼は、陸軍士官学校卒業後、依託学生として東京大学理学部物理学科で学び、英国にも留学した経歴をもっていた。野村は着任時に「前途憂慮すべき戦局を一挙に打開するに足る決戦兵器を創造せよ」と命令された。資料を調べ、研究所を訪問するうちに、5月中旬になって東芝研究所で、人間の掌から発する熱線を約70m離れた感熱装置が敏感に反応し捉らえていることに注目した。そして艦船から発する熱源をとらえ、自動照準装置を使って追尾すれば、必ず命中させることができると考えた。この構想は直ちに採用されて、5月末には研究が開始された。研究・開発は、3つの分野に分けて並行して進められた。①熱線の方向を微弱電流の変化から感知するシステム、②微弱信号を増幅するシステム、③熱線に向かって誘導する飛行体装置である。この開発の費用、資材、研究要員はほとんど希望通りに充足され、200人の軍の研究者と軍以外から200人以上の研究者が参加し、開発費は800〜1000万円だった。

　最初の熱線探知については、学徒動員で開発に参加した青木信義の生前の回想で一端が分かる。彼は1944年9月から、同級生約10人と東京の陸軍技術研究所で㋘の開発に従事して、赤外線探知の白金ボロメータ制作に取り組んだ（ボロメータは、温度上昇による電気抵抗の変化を利用して赤外線を測定する装置）。最初の実験では、東京都立川の福生飛行場で偵察機上から熱線に対する感度

222

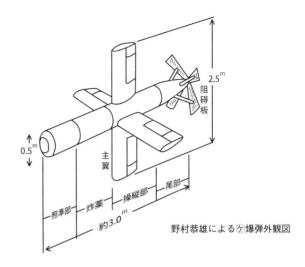

野村恭雄による㋜爆弾外観図

あるいは耐震ノイズなどを測定した。12月8日から月末近くまで広島の似島の山頂と門司の山の中腹で、近くを通る艦船から放射される熱線を測定した。これらの実験を通して多くの不備な箇所が分かり、改善に取り組んだ。1945年1月下旬からは、浜名湖東北の気賀に熱線探知機実験の設営と試作機の性能確認のために2か月行った（青木は、この回想の1年後には三ケ日だと具体的に書いている。気賀は誤りと思われる）。彼が関係した装置では、約4km先の60度程度の温度を識別できるところまで行ったが試作品の域を出なかった。

　第二の微弱信号を増幅して誘導装置に伝えるグループは、軍の施設になっていた浜名湖北部の旅館琴水に泊まり込んでいた。ここには東京大学第二工学部造兵学科の弾道学が専門の平田森三教授ほか、後にSonyをつくる井深大や盛田昭夫なども参加していた。琴水は、1907（明治40）年創業で現在も当時のまま三ケ日町都築に、割烹旅館琴水として営業している。

　飛行体部分の開発には、後にロケット開発で名を残す糸川英夫（1912〜1999）も参加していた。最初から敗戦まで参加した近藤次郎中尉（1917（大正6）〜2015（平成3））の回想が残されている。近藤は、1941（昭和16）年に京都大学理学部数学科を卒業したあと、東京大学工学部航空学科に入学、在学中に召集されて陸軍航空技術将校になって陸軍航空少年飛行兵学校で

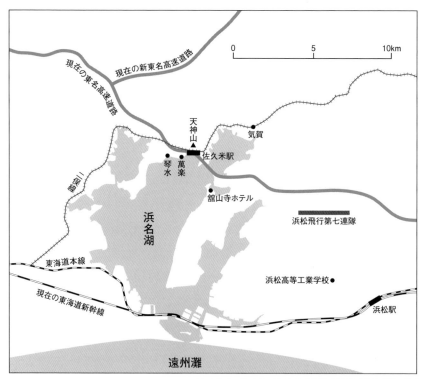

当時	現在
二俣線	天竜浜名湖線
萬楽	ホテルグリーンプラザ浜名湖
佐久米駅	浜名湖佐久米駅
舘山寺ホテル	ホテル九重
浜松飛行第七連隊	航空自衛隊浜松基地
浜松高等工業学校	浜松市立高等学校

数学の教官となった。近藤は、戦後東京大学教授、日本学術会議会長を務め、私も親しくしていたが戦時研究の話を聞いたことはなかった。1944年6月に近藤は陸軍航空本部、兵器行政本部の兼任を命ぜられ、直ちに特殊任務のため陸軍兵器行政本部の余丁町分室に行く命令を受けた。そこで野村大佐に会い、㋘の飛行体開発に参加することになった。

　近藤は、㋘を、今日のことばでいえば「熱線ホーミング爆弾」あるいは「熱線空対地ミサイル」と呼ぶべきものだと書いている。ホーミングとは、熱線や電波

舘山展望台から見た浜名湖北部
　　左の水面に浮かべた大筏上で、焚火をして爆弾投下実験の目標にした。
　A　手前の丘が、湯川が実験を「見学」した天神山（海抜88ｍ）
　B　湯川が宿泊した萬楽の地にあるホテルグリーンプラザ浜名湖（ここから右に延びる白線は
　　　東名高速道路。右端の建物は浜名湖サービスエリア）
　C　湯川が平田森三を訪ねた琴水（湖畔）
　　湯川が舘山寺で実験を見学したのはこの写真を撮影した地点と思われる。

（撮影　小沼通二）

などを探知して追尾する方式のことである。㋘は、爆弾の先端に凹面鏡をつけ、その焦点に四分割したボロメータをつけておく。四分割してあるため、熱源の方向に応じて温度上昇に差が出て電気抵抗の違いから上下左右の信号電流が発生する。これを増幅して熱源に向けて舵を切れば、爆弾は熱源に向かうことになる。

　野村は、研究末期の㋖爆弾の外観図を遺し、サイズは爆弾の直径0.5m、長さ約3.0m、主翼の広がり2.5mだったとしている（設計を行った近藤は、爆弾の重量1トン、直径1.65m、長さ3.4mと書いている）。先端の照準部は熱線をとらえて目標の方位を判断する装置である。次の炸薬部には、ドイツが発明した高性能爆薬600トン［ママ］（600キロの間違いであろう）と信管が収められた。その後ろが、主翼を持つ操舵部で、油圧式操舵機構を持ち、照準部からの情報により電磁弁の開閉によって制御した。爆弾軸の周りの回転はジャイロによって防止した。最後尾には阻害板があり、落下速度を低下させる。資材が極端に不足していたので、飛行体本体は木製であり、金具、ボルト、ナットで組み立てられ

図　手前が館山寺ホテル。その先は内浦。ここで実験に使った大筏を組立てて中央右の水
　　路を通り、遠方左の水面において、目標に使った。　（浜松市立中央図書館提供）
写真左　萬楽の玄関
写真右　水辺から見た館山寺ホテル（左手前　奥から右の温泉街はすべて㋕が使用）　（大野勝美氏提供）

ていた。

　近藤たちのグループは、7月に東京郊外の青梅線の鳩の巣で基本設計を
行い、続いて原寸大の製造図面を近藤が一人で書いた。1号機は大宮の陸
軍造兵廠で11月ごろ完成した。爆薬の代わりに砂を詰めて、爆撃機に搭
載して立川飛行場から飛び立ち真鶴岬の上空5000mで投下したが、1000m
ほど落下して主翼がはがれてしまった。近藤たちのグループが浜松に移
動したのは年が明けてからだった。

　この研究開発については帝国議会でも取り上げられている。小磯国昭首相は
施政方針演説の中で、「各種決戦兵器の創成と性能向上を期すべき科学技術
力の動員強化に関してあらゆる努力を傾注する決意だ」と述べ、八木秀次技術

現在の琴水　　（撮影　小沼通二）

院総裁は1945年1月24日の衆議院予算委員会で三木武夫委員の質問に対して「戦局は必死必中のあの神風特攻隊の出動を俟たなければならなくなったことは、技術当局といたしましては洵に遺憾に堪えない、慚愧に堪えない所で、全く申訳ないことと考えて居ります。一日も早く必死必中でなく必中の兵器を生み出さなければならぬと考へる次第であります」と答弁している。

　計画では1945（昭和20）年10月までに700発製造するという目標だった。浜名湖での最後の㋘投下実験は戦争終結の5日前であり、目標の3000m手前、3000m上空で投下し目標の150mまで近接して湖中に落下した。確実に命中させられなかったのは日本の工作機械の精度が悪かったためだと書かれている。

　3月の湯川の「見学」当時に行われていた実験は、浜松飛行第7連隊の飛行場を夕暮れに飛び立った爆撃機が高度3500mで爆弾を投下し、1500mまで下がったところでスイッチが入り、浜名湖北東部に浮かべた20畳ほどのヒノキの大筏上の焚火の熱をとらえて命中させようというものだった。

　湯川は「見学」と書いているが、軍事研究は希望すれば見学できるというものではない。前年からつながりがあったことが湯川の研究室日記に残されている。前年1944年11月20日に湯川は、「兵器行政本部の野村恭雄大佐に長谷川寛中尉の紹介で　若松町分室で面会」している。長谷川寛は京都大学理学部物理

当時の静岡県立浜松高等工業高校（大野勝美氏提供）

1942（昭和17）年の卒業生である。現在の防衛省の西側にあたる東京都新宿区の若松町、余丁町、河田町一帯に、当時は兵器行政本部の分室が置かれていた。

　湯川は1944年12月11日、12月23日（第五回）に赤外線談話会を行っていて、翌1945年1月29日には赤外線の会という記録がある。これらは赤外線の熱の探知に関係のある議論だったろう。そして2月16日には長谷川中尉が湯川の自宅を訪問。ここで3月上旬の㋗計画の視察を打ち合わせたと思われる。

　3月5日朝、京都を出て浜名湖の北を回る二俣線の佐久米駅（現在の天竜浜名湖線浜名湖佐久米駅）に向かったのだが、列車故障により豊橋駅で夜を明かすことになり、佐久米着は京都を出てから22時間後だった。湯川が泊まった松風園萬楽は駅から南西に500mの湖畔にあり、1907（明治41）年創業で、昭和天皇も1930年に泊まったことがある高級旅館だが、1943年から敗戦までは陸軍第三兵器研究所の宿舎になっていた。当時の建物は1952年に全焼によって失われ、のちに再建されたが、現在は経営者も変わりホテルグリーンプラザ浜名湖として営業している。

湯川は3月6日に東京大学第二工学部造兵学科の弾道学が専門の平田森三教授を琴水に訪ねた。7日午後には佐久米駅のすぐ北にある標高88mの天神山を回り、再び夕暮れの天神山に行き実験観測を「見学」した。当時は見晴らしがよかったはずの天神山は今では木々に覆われて当時の様子はルートも観測地点も想像できないが、山頂に軍が掘ったといわれる穴が残っている。

　佐久米における湯川について、先に名前を挙げた青木信義が、興味深い回想を残しているが、ここに書かれている写真は見つかっていない。

　　　長谷川寛中尉と木村少尉が2日間程東京に出張し、帰って来たときに湯川と一緒だった。湯川は熱線研究の指導ということだった。この日湯川の説明を皆で聞いた。夜は中間子や宇宙線などについて熱のこもった意見を述べられた。八畳の部屋に湯川、長谷川、木村、青木の4人が寝たが、湯川と長谷川は明け方まで物理学の最先端の宇宙線や仁科芳雄の実験などについて話し合っていた。翌朝10時頃4人と女中の松枝の5人で写真を撮った。

　湯川は8日に浜松市に行き、「浜松高工を見学」し、舘山寺に行って「測定見学」を行った。浜松高工(静岡県立浜松高等工業学校)は1922(大正11)年に、現在浜松市立高等学校がある場所(中区広沢1-21-1)に設置された1944年に静岡県立浜松工業専門学校になり、1949年に静岡大学工学部に発展した。ここの物理化学科の学生26人が㋘に学徒動員されてそれぞれの分野に配属されていたので、湯川と長谷川中尉は彼らの活動を視察したのだろう。地元では、浜松商業の体育館で熱線吸着爆弾の組み立てがおこなわれてきたといわれてきた。浜松商業(静岡県立浜松商業学校、現在の静岡県立浜松商業高等学校)は1936年に移転してから現在地にあり、浜松高工に近い。

　湯川日記には浜名湖訪問後の4月17日、7月12日にも赤外線研究会(談話会)を開いたことが書かれている。

占領軍の軍事研究調査

　米国は日本の軍事研究、特に原子爆弾研究開発の進展に強い関心を持ち、戦争終結とともに原爆調査団を日本に送った。湯川は、9月15日に「米士官二名（物理学）教室へ来たので直ちに面会．一人はMajor Furman 他は　Lt. Munch 後者は日本語を上手に話す．途中　荒勝教授をも呼ぶ．一緒にミヤコ・ホテルに行く　Dr. Morrison も一緒に会談．［中略］六時過ぎ　Lt. Munchだけ又来る．扇子・帯上げなどを present にする」と日記に書いている。ロバート・ファーマン少佐はヨーロッパ戦線で連合軍のノルマンディー上陸作戦とともにドイツの原爆開発調査をおこなった責任者だった。I.ムンク中尉は通訳である。モリソンはのちにコーネル大学の教授になる原子核物理学者で、マンハッタン計画に参加した経歴がある。

　湯川は、9月22日に東京で「帝国ホテルにK. T. Compton を訪ねたが会はず．第一ホテルに Morrison を訪ねたが，これも不在．」と日記に書く。カール・コンプトンは、MIT（マサチューセッツ工科大学）の学長であり、占領軍司令部の下の科学情報調査団の団長だった。9月25日の日記には「米第六軍京阪神進駐開始に伴ひ京都市内各所の通行禁止となる」とある。調査団は進駐より10日も前に湯川たちの調査を行っていたのだ。

　湯川は、10月4日と11月16日にも占領軍将校が来たことを日記に書いているが、3回とも取り調べを受けているという意識でなく、訪問者が訪ねて来たという感覚でいる。この年の日記には米軍将校が12月13日と15日にも登場する。それは11月の物理学教室のサイクロトロン破壊のあと、13日に破壊についての意見聴取に来たのと、その部屋を管理下に置き、日本人の立ち入りを禁止して警備していた米軍の将校が引揚げのあいさつに来たという12月15日の記録である。

　このうちの12月13日の意見聴取については荒勝文策が詳しい記録を残している。
　12月13日（木曜日）
　朝7時頃米国（人名2人分空白）氏駒井［卓］学部長室ニ来訪．サイク

ロトロン破壊ノ事実ニ関シ民間情報ヲ集メル目的ヲ述ベ率直ニ右ニ関シ意見ヲ述ベテ呉レトノ事デアッタ.

駒井、湯川両教授ト共ニ面談シタ.

自分ハ日本ノ地カラ原子核研究ノ芽ヲツミ取ラレル事ハ誠ニ残念デアル. 率直ニ最モ希望スル所ヲ云フナラバ米国製ノ最上ノサイクロトロンヲ京都ニ建設シ日米両学徒ノ研究ニ便ズルコトガ最モ望マシイト思フ.

元々サイクロトロンハ原子爆弾トモ軍トモ無関係ニ計画サレタモノデコレヲ生物学並ニ医学等ノ研究ニモ利用スル事ヲ希(のぞ)ンデイタモノデアリ原子爆弾以来医者ハ特ニサイクロトロンノ破壊ニ関シ失望ヲ感ジテ居ル状態デアル. ト云フ事ヲ述ベタ. 同氏ハ再ビコレヲ口称シアメリカ学者ノ統制乃至共働作業デ研究ヲ行フコトヲ承ケ入レルカト云ッタニ対シ「宣シ」ト返答シ置イタ.

湯川教授ハコレト同意見ナル事ヲ申述ベラレタ.

更ニ自分［湯川］ハ理論ヲヤッテイルガ実験ガ発達シテ記録ガ豊富ニナラネバ理論ハ成立セヌカラ実験研究室ノ完成ハ望マシイト付加サレタ.［以下略。政池明『荒勝文策と原子核物理学の黎明』365ページに掲載］

　この取り調べについての米軍側の記録の機密指定が解除されてから、日本学術会議のワシントン研究連絡センターの所長を務めていた政池明が入手し分析して公開した。モリソンのワシントンへの報告の湯川の部分を見てみよう。

　　　インタビュー報告　京都帝大物理学教室教授　湯川秀樹、荒勝文策

　　　　　　　　　　　　　　　R. R. ファーマン

　　　　　　　　　　　　　　　P. モリソン

　　　　　　　　　　　　　　　I. ムンヒ［ムンク］

　　我々は表記の両人と3回にわたり接触を持ち、研究室を捜索した。一回目は大学で会い、その後で我々のホテルに同行願い、昼食を共にした。当日午後遅く再度大学を訪問し、物理学教室の研究施設を捜索した。

さらに17日には湯川の不在中に彼のオフィスをたずね、書籍と論文を捜索した。

　湯川らが我々にオッペンハイマーやその他の人物について質問したことから推測すると、京都の研究者はこの爆弾についてのニューズ・ウイーク誌とタイム誌の記事をまだ読んでいなかったようである。

　話し合いはすこぶる友好的で、贈り物の交換までした。湯川らは、インタビューの終わりのころには我々の訪問目的に気づいたかもしれないが、少なくとも初めはそれを理解していなかったようだ。我々が京都に来る直前に東京グループを訪問したことを話しても、まだわれわれが京都に来た理由が分からなかったらしい。湯川は私（モリソン）の研究についても知っていたし、私がオッペンハイマーの学生だったことから、我々が原子核物理学に特別の関心があることを理解したようだった。

　湯川に関する情報は、実験家についての情報に比べていまひとつはっきりしない。彼の話と彼の部屋で発見された1944年末に書かれた論文から推察すると、彼はずっと"メゾトロン"の研究に没頭していたことは確かなようだ。湯川はこの高度に抽象的な理論で1938年から世界的名声を得ていた。私が（中性子の）拡散理論について質問した時、彼は何の興味も示さなかった。彼がもし原爆開発プロジェクトに深くかかわっていたとすれば、間違いなく拡散理論に関与していたはずである。京都大学が爆撃で破壊されず、ほとんど平常の状態を保っている上に、湯川自身が非常に抽象的な物理学にしか興味を持っていないことは、このプロジェクトの理論に湯川が全く関与していなかったか、わずかしか関与していなかったということと符合している。これは彼の戦争中の主な研究が、本当に純粋物理学であったことを証明していると言えよう。彼が連鎖反応の理論についての重要な仕事を全くしていなかったと断言することはできないが、彼が研究時間の1/3をそのために費やしたとは考えられない。彼は現在難しい本を執筆中であり、現在も昨年と同様に大学院でレベルの高い講義に

時間を費やしている。彼の学生の多くは原子核の理論的研究をしている。湯川は原爆開発プロジェクトの理論的な仕事を遂行する能力のある最も優れた人物の一人であるが、内気で学究肌の人間なので、アカデミックな研究以外のプロジェクトを自ら進んで動かすとは考えられない。

P. モリソン

このモリソンの秘密報告の内容は、湯川日記の記述と完全に符合している。さらに最初の取り調べから2日後の湯川の不在時に、湯川研究室を開けさせて書類の写真を撮って、分析していたことがこの報告から明らかになった。この日は、湯川は理学部長室での会議のため研究室にいなかった。立ち会ったものは口止めされたのだろう。湯川は最後までこの捜索を知らなかった。

吉井勇との交友

湯川は12月25日の日記に、吉井勇の歓迎会に出席したと書いている。かねてから交流があった吉井はこの年の2月に京都市左京区岡崎円勝寺から富山県婦負郡八尾町に疎開し、戦争終結後の10月に京都に戻り、綴喜郡八幡町（現八幡市）に居を構えた。疎開中の3月12日と7月15日と八幡に戻った後の12月13日の湯川からの書簡を吉井が残しているが、湯川日記には記述がない。

湯川は3月に、画帖への揮毫に対するお礼と、返礼を送ったこと、京都新聞に掲載された吉井の和歌を読んだことを書き、和歌の1首を添えた。

越の国に人は移りぬ北山に春淋しくも残る薄雪

7月の書簡は、富山の月刊郷土文化誌『高志』を贈られたお礼と、揮毫依頼である。『高志』第2巻6号（1945（昭和20）年6月号）に「湯川秀樹博士へ」と題する次の8首があるので、これを揮毫してくれるように依頼したのだろう。

湯川秀樹博士へ

　　六大の深きに思ひ入るときの君が眉根の澄みをおもはむ

　　あめつちの小さき星とみづからを言へれどかしこ 光 鋭ければ

　　その光数億由旬 のはてまでも及ぶとおもへ敢て仰がむ

　　隈星のへろへろ星のひとつとも身を思ひなし越住みぞする

　　凡愚吾が越にわび居しあるひまに深奥の法をきみは究むる

　　君を思ひつつ聴き入れば風の音も律呂の法をたがへざるかな

　　ひさかたの飛行機雲もあだに見ぬかしこき人を越にしのばゆ

　　荒寺の障子を寒み君に得し紙を展ぶれど書く歌もなし

　　註　「湯川秀樹博士へ」の8首は、吉井勇が「高志」第2巻6号に寄稿した「続高志消息」の最初の「その一」に掲げられた。引用は細川光洋「湯川秀樹未発表書簡吉井勇宛六通（翻刻）附」　吉井勇宛未発表短歌を含む九首」、『国際関係・比較文化研究』（静岡県立大学国際関係学部）第14巻第1号（2015年9月）p.1による。

　12月には、受け取ったはがきへの返書として、八幡の吉井を訪ねたいが時間が取れない、廿日前後の秋田屋の会で会いたいと書いている。

　12月25日の湯川日記に書かれている歓迎会について、吉井勇日記にはさらに詳しく書かれている。

　　廿五日 七時過起。半晴半曇にして寒し。…九時頃家を出で郵便局に寄りたる后京都へゆく。電車の混雑甚し。三條に下りて気付けば、外套の衣兜に入れ置きたる蟇口（九円 余 入れあり）なし。別の衣兜の新聞もなし。掏児にしてやられたるものならんが、多分中を開き見て失望せるならん。年末の教訓としては 價 顔る廉。三條より歩して岡崎のつるやに至る。十二時少し前着。秋田屋の招待にて会するもの、湯川博士、大山定一君、八束、齋藤及び秋田屋主人大塚氏の六人。料理は刺身、口取、かぶら蒸し、海老天ぷら、全具足煮等佳肴多し。酒四五杯。飯二椀。三時頃散会。予の祇園竹枝集は結局、秋田屋より上梓することに決定。大塚氏等に送られて京阪三條より乗車、五時頃飯宅。…

註　「外套の衣兜」とは和装のオーバーのポケットのこと、「全具足煮」全は「同」
と同じで、ここでは海老。具足煮は殻つきのままの煮物。「皈」は「帰」の俗字。

　　哲学者たちとの交流

　1946（昭和21）年4月1日に、京都学派の哲学季刊刊行会から『哲学季刊』
第1号（第1年第1冊）が大阪の秋田屋から発行された。掲載された3論文は、
鈴木大拙「槐安国語を読みて」、高山岩男「所の倫理」、湯川秀樹「物質世
界の客観性について　前篇　古典論及び相対論の世界」である。湯川は「中
篇　量子論の対象」、「後篇　量子力学の世界」を8月30日に発行された第2号
（第1年第2冊）と11月30日に出た第3号（第1巻第3冊）に連載した。
　創刊号の編集後記にはOという署名があるが、刊行会の代表者として若手の
大島安正（1917〜1989）が書いたものである。そこには、発刊に至った事情が
書かれている。最初の計画は日夜空襲の激しかった1945（昭和20）年晩春に始
まった。5月28日には発起人会を開催した。大島は、空襲のたびに預かった原
稿を抱えて防空壕に飛び込んだ。終戦とともに、改めて企画を練った。特色は、
第一に、広く総合的な哲学雑誌として、あらゆる方面（宗教、美学、社会学、
法律、経済、生物、物理、数学など）の哲学的な論文をも収録し、第二に、
なるべくページ数その他に制限を加えない、第三に、一流の先生方の大作ととも
に、無名の人の優れた研究も掲載するとした。湯川論文については、「理論物
理学の第一人者である湯川博士が、その領域が哲学と交流する最高次の世界
において、博識深淵なる専門理論を展開されたものであり、現代哲学界に大き
な示唆を与えるものであることを疑わない」と記述している。第2号の編集後記に、
大島は創刊号の発行が予定より約4か月遅れたと書いた。『哲学季刊』は1949（昭
和24）年10月に出た通巻11号（第4巻第3号）まで続いた。
　ここで湯川に戻る。湯川は第三高等学校で哲学、特に西田哲学に興味を持った。
大学の最終学年（三年生）か卒業した年には西田幾太郎（1870〜1945）の「哲

学概論」の講義を毎週欠かさず聴きに行った。のちには京都や鎌倉の西田の家をたびたび訪ねる関係になった。

　この年の6月8日の日記には、前日の西田の永眠を知ったことが書かれている。

　9月24日に、京都大学文学部の西谷啓治（1900〜1990、宗教哲学）が訪ねてくる。9月30日には湯川が高山岩男（1905〜1993、ヘーゲル研究）を訪ねる。10月2日には高坂正顕（こうさかまさあき）（1900〜1969、カント哲学）と西谷、高山が湯川の研究室に来る。続いて10月17日に湯川、高坂、高山、西谷が秋田屋主催の座談会に出席して、科学と思想の問題を中心にして論議。11月12日には湯川が文学部に西谷と高山を訪問。11月17日に高山の部屋に行く。11月21日に高山、木村＜木村素衛（もとのり）（1895〜1946、教育哲学）か木村英一（1906〜1981、中国哲学）か＞その他の文学部の人たちと会談。12月14日に『哲学季刊』の創刊祝賀会に参加。創刊号の発行が予定より約4か月遅れたということなので、12月初めに発行された後での祝賀会を予定していて、発行が遅れたが予定通り祝賀会を開催したのだった。その後も12月17日には、哲学者の高山、上田泰治（やすはる）（論理学、科学哲学）、大島と湯川研究室の物理学者6人が、ホイッテーカー（E.T.Whittaker, 1873〜1956）の『エーテルと電気の歴史』の英文原書の第1章を輪講している。さらに12月30日には高山の『続西田哲学』（岩波書店、1940年）を読みだしている。

　『哲学季刊』には、高山は「所の倫理」（第1号）と「希臘（ギリシャ）に於ける哲学と哲学的実存」（第7号）、木村素衛は「教育哲学に対する基礎と展望」（第3号）、上田は「科学哲学に就て」（第3号）と「科学の方向と宗教の方向」（第8号）、高坂は「若きカントとその時代」（第4号）、西谷は「マイステル・エックハルトに於ける神と人間の関係」（第5号）と「ハイデッガーの講演『芸術作品の起源』」（第7号）、大島は「歴史と主体の相関について」（第7号）と「カッシーラーの遺著『国家の神話』」（第8号）と「理念的自由の成立」（第9号）、木村英一は「中国史の時代区分」（第8号）を発表している。湯川と彼らの間には『哲学季刊』に掲載された論文のテーマや内容が話題になっていたことだろう。

執筆

　湯川は、1935（昭和10）年から学術論文を発表し、1936年から専門書を執筆・刊行していたのだが、社会的にも存在感が大きくなるにつれ、専門以外の発言を求められる機会が相次ぐに至り、随筆・評論などの執筆は1936年から、一般講演は1938年から始まっていた。

　この日記の前年、1944（昭和19）年からの著書は次のようになっている。

『物理学に志して』養徳社、1944年4月30日

『目に見えないもの』甲文社、1946年3月20日

『理論物理学講話』朝日新聞社、1946年7月10日

『量子力学序説』弘文堂、1947年2月5日

『自然と理性』秋田屋、1947年2月25日

『素粒子論序説　上巻』岩波書店、1948年5月15日

『科学と人間性』国立書院、1948年5月15日

　　　:

　初めての一般書が『物理学に志して』だった。ここには、1936年12月から1943年12月までに書かれた物理学の解説や身辺の随筆など21編が収録された。本書に収録した「科学者の使命　総ては戦力に　一擲せよ孤立主義」は、『物理学に志して』への収録にあたり内容は句読点の位置以外変更されていないのだが、タイトルは「科学者の使命」だけに変更されている。新聞に載ったときのタイトルは、171ページに掲載したとおり「総ては戦力に」が一番大きい活字であり、次が「一擲せよ孤立主義」であって、「科学者の使命」が小さい活字になっている。しかし読めばわかるが、「総ては戦力に　一擲せよ孤立主義」は内容に即していない。私は編集者が加えた題だと思っている。

　『物理学に志して』の本の序の中に湯川は、養徳社（社長は中市弘）の前身である甲鳥書林の主人（中市弘）から勧奨されたとき「今のこの激動のさなかにあっては昨日の言説が最早既に今日の状態に適用出来ない場合もけだし稀で

はないのである。」、しかし「一篇々々の上には、筆を執ったその時々のわたくしの気持ちが、自分で感じてゐるよりも遥かにはっきりと跡を印してゐるのかも知れぬ。」と考えて出版を受納れたと記している

　この増訂版を出すことになり、1943（昭和18）年12月に雑誌『科学朝日』3巻12号（朝日新聞社）に発表した「目に見えないもの」を加えて、これを全体の題名にすることも戦時中に決まっていたのだが、出版は戦後の1946年3月20日になった。この増訂版『目に見えないもの』（甲文社）を見ると、最初に置かれている「理論物理学の輪郭」の完成が1945年4月だと書かれているから、2月22日の日記に「『目に見えぬもの』の原稿を書きたす」と書かれているのはこの原稿だったことが分かる。ほかには、1944年5月に書いた「古代の物質観と現代科学」を加え、初版の最初の2編に手を加えて「エネルギーの源泉」にまとめ、初版にあった「科学者の使命」と「物質と力」のなかの「戦争と物理学」を削除したのだった。この削除については先に述べた占領軍の検閲の影が感じられるのは私だけだろうか。

　『理論物理学講話』は、創刊された雑誌「科学朝日」に1942年から1943年にかけて「物理学入門」として8回連載されたあと中断されていた内容に書き足して1945年3月に「序」を書いて完成したものである。日記にはこれについて書かれていない。

　1947年に出版された『量子力学序説』は、大阪大学と京都大学で行った何年にもわたる講義の経験がもとになっている。書き上げて1944年10月に「序」を書いて出版社に渡している。「序」に「本書の原形は、著者が大阪帝国大学に在職中、講義のノートを朝鮮出身の理学士武本在黙君に浄書して貰った原稿の中に見出されるのであって、その後数年間に逐次増補改訂して今見る形に出来上がったのである。」と書かれている。

　そのあとに1945年12月の「追記」として「本書の校正が相当進捗してゐる最中に、東京の印刷所の強制疎開で組版がこはされてしまったので出版が非常に遅れ、購読希望者の方々に長い間御迷惑を掛けたことを深くお詫びする次第である。今回改めて京都の印刷所で組み始めることとなった…」と書かれている。

連日連夜の空襲による火災の延焼を防ぐために、密集地の建物を壊して帯状の空き地を造ったのが強制疎開であり、決定すれば直ちに実行されたから、文化的に貴重だから片付ける間待ってもらいたいという余裕はなかった。次の空襲でどこが攻撃されるかわからない無差別爆撃だから、待ってもらいたいという要望を出す状況でもなかった。実行には、中等学校の男女生徒たちも勤労動員された。

　1947（昭和22）年2月に発行された『自然と理性』の「昭和21年歳晩」に書かれた「はしがき」を見よう。

　　　　「第一部に収録した九篇の小品は全て終戦後の一年間に、色々な新聞や雑誌の半ば強制的な依頼に従って書かれたものである」「前著『目に見えないもの』の諸篇は全部戦争中に書かれたものであって、執筆当時は出来るだけ現実の変転に幻惑されることなく、冷静に真実を求めて来たつもりであるが、矢張り日本人としての伝統的な感情に対する充分な反省が足りなかったことを認めざるを得ない」「第二部は終戦も眞近い昭和二十年七月末、京都帝国大学学生課の依頼に応じて行った中国その他東洋の諸地域からの留学生に対する講演の速記に少しく手を加えたものである。戦争の終結が目前に迫ってゐるとは知る由もなく、漠然たる悲観と焦燥の念とに満たされた心を出来るだけ落着けて、真夏の夜の講堂で講義を行った時の記憶が今もはっきりと残っている」

　これを書いたのは、戦争終結から1年4か月半経過したときだったが、戦争末期の悲観と焦燥、戦後1年間に書いたものにあらわれている反省の不十分さを率直に認めている。

　『自然と理性』には、本書に転載した『週刊朝日』1945年10月28日／11月4日合併号に掲載された「静かに思ふ」に大幅に手を入れた「静かに思ふ」が収録されている。

　これまで、『自然と理性』に収録され、『湯川秀樹選集　第一巻　随筆篇　半生の記』（甲鳥書林、1955年）や「静かに思う」と仮名遣いを変えて『湯川秀樹著作集5　平和への希求』（岩波書店、1989年）その他にひろく転載さ

れてきたものが週刊朝日の文章だと理解してきた。本書の編集にあたり、週刊朝日の所蔵場所を探し、日本近代文学館で実物を手に取り、コピーを入手することができた。現在流布されているものと比較したところ、『自然と理性』への収録にあたり、非常に大きく加筆修正されていることが分かったので、本書には週刊朝日版の全文を初めて収録した。戦争終結直後の「反省」と1年後の「反省」との比較によって湯川の思索の変化を見ることが初めてだれでも可能になったのである。機会があればご自身で分析していただきたい。

　『自然と理性』には、『科学朝日』1945年10月号に掲載された「科学日本の再建」、11月11日の日記に出てくる岩波書店の雑誌『世界』の1946年1月創刊号に掲載された「自己教育」などが収録されている。

　『素粒子論序説　上巻』（岩波書店）は、1947年10月に書かれた「序」によると、「東京大学及び京都大学で行った数次の講義のノートを改訂した」、「本書の出版は筆者と岩波書店の布川角左衛門氏との間の長年の懸案であった」とされている。1月31日の日記の「素粒子論原稿書き」はこの本の原稿執筆だろう。湯川は、1939年から京都大学教授であり、1942年11月26日から1946年1月28日まで東京大学教授を兼ねていた。京都大学で素粒子学、素粒子論の講義を行っていたこと、空襲下の東京大学に出かけていたことも日記に書かれている。いったんは東京大学への転任を承諾したのに時を置かずに断ったことも、6月28日と7月2日の日記に出てくる。

　『科学と人間性』は第3の一般書であり、1946年中ごろから1947年8月に書かれた13の短篇が収められている。その中の一つが本書に収録した「京の山」であって、東京大学への転任を断ったときの心境が詳しく書かれている。

　　湯川の思索

　湯川日記の記述は、事実関係の記録がほとんどである。湯川の思索の跡は著作と和歌に残されている。当時の湯川の気持ちを知るために本書には、3編のエ

ッセーを収録した。

「科学者の使命」

　これは、養徳社から1944年4月30日に発行された『物理学に志して』に収録され、1943年1月に書かれたことが記されていた。湯川は29歳の1936年以来、物理学の専門書、教科書、解説書を、単著・共著の形で次々に刊行してきた。14冊目の本書ははじめての一般書だった。私はかねてから初出の出典を探してきたが、本書の準備の中で初めて、京都新聞1943年1月6日に掲載された湯川の年頭所感であることが分かった。

　内容をみると、前半は一般的問題として、「国民はみな同じことを念願し、同じ方向に邁進している」しかし、「自己がいかなる役割を果たすべきかは、各人がそれぞれの立場から十分に考慮しなければならない」といい、後半は科学について、「科学者の最大の責務は、既存の科学技術の成果を出来るだけ早く、戦力の増強に活用することにある、しかし「科学の真の根基をわが国土に培養するのでなければ応用さるべき科学、技術の源泉は久しからずして枯渇するを免れないであろう」と結論している。

　新聞に掲載されたときの題と内容にずれがあるとすでに述べたが、1945年初頭にも、同様の違和感を持つことが起きている。それは1月8日の朝日新聞である。そこには3人の「科学者・新春の夢」の一つとして、湯川の「華府を吹飛ばす　洞穴から"謎の放射線"」が掲載され、「謎の光線を浴びるワシントン議事堂の想像画」が描かれている。この文章は、年末の27日に依頼され、翌28日に朝日新聞京都支局長たちと打ち合わせて29日に書いたものだが、夢は13行だけ、あとの63行は物理学の解説になっている。日記には、1月8日にもその後にもこの記事のことは一切書かれていない。

　「科学者の使命」には、湯川自身の使命について具体的に述べてはいないが、この時に何をしていたかは分かっている。1942（昭和17）年末から年始にかけて6点の依頼原稿と取り組んでいたのだ。京都新聞への掲載文以外は
「過渡期の学者ピエル・キュリー」（毎日新聞1月5、6、7日掲載）

「自然法則の形態」（『科学思潮』1943年2月号）、

「現代科学の思考様式」（『科学文化』1943年2月号、『改造』1942年3月号に掲載した「物理学的世界」と合わせて「物理学的世界に就て」と題して『存在の理法』（1943年7月15日）に収録）

「物理学入門（8）」（『科学朝日』1943年3月号）、

「宇宙線1」（『科学技術』1943年3月号、2、3は5、8月号）

である。これを見れば、当時の湯川が科学の基礎について考え続けていたことが明白だ。

　　　　「静かに思ふ」

　本書に収録した「静かに思ふ」は、1945年11月4日に発行された『週刊朝日』昭和20年10月28日、11月4日合併号に掲載された。小さな文字で1行21字、5段組みで493行が3ページに収められている。現在の週刊朝日なら5ページになる。この中で湯川は、「地球上には多数の国がある。それらの国々のある一つが掲げる国家目的ないしはそれを実現するために取られる手段が正当化されるためには、少なくともそれらが人類全体の福祉の増進と背馳しないことが必要である」、「戦時において特に蔓延しやすい虚偽と醜悪の除去にあらゆる努力を払うべき…」「（敗戦の第二の原因は）、個人・家族・社会・国家・世界というような系列の中から、国家だけを取り出し、これに絶対の権威を認めたことである」と書いた湯川は、それまで疑うことがなかった国家の絶対性とはっきり決別したのだった。

　この文章は、「終戦後の一年間に、色々な新聞や雑誌の半ば強制的な依頼に従って書かされたもの」9編と敗戦間際の7月下旬に京都大学の全留学生に行った2晩にわたる講演「近代における物理学の発展」を収めて刊行された『自然と理性』に収められた。その最後に【昭和廿年十一月、週刊朝日】と書かれ、そのあとに

　　　附記　終戦後二個月ほどの間、色々な新聞や雑誌からの原稿の依頼を
　　　固くお辞はりして沈思と反省の日々を送って来た。その間に少し気分が
　　　落着いて来たので初めて筆を執ったのがこの一篇である。一年後の今日

から見るとまだまだ反省が足りないが、その時の気持ちがある程度まで現
　　はれてゐると思はれるので採録することにした。【昭和二十一年十一月
　　記】

と書かれている。これを見れば、戦後初めて公表を意図して書いたものであることが分かる。そして1年後に読み返すと反省が足りなかったが、そのまま収録したように読める。『自然と理性』は、敗戦後の湯川の2冊目のエッセー集である。

　これより前、1946（昭和21）年3月20日に1冊目として、『目に見えないもの』を出版している。後記を見ると、「本書は昭和十九年四月、養徳社から上梓した『物理学に志して』の増訂版である。…新版には巻頭の二編及び 巻末に近い「目に見えないもの」といふ小篇を加え、他の部分にも多少の改定を施し、題名も改めて上梓することとなったのである」と書かれている。ところが、増訂版作成にあたり、原本の最初の2編から「戦争と物理学」と「エネルギーの源泉」を除いて1篇にまとめ、「科学者の使命」が省かれている。

　敗戦後の極端な物資不足の混乱と急激なインフレーション、その中での印刷用紙の入手の困難と印刷所の不足から、出版の大幅な遅れが常態化していたことを知るものとして、私は、「科学者の使命」の削除と増訂版の後記の書き方、『自然と理性』への収録にあたっての「静かに思ふ」の大幅加筆と附記の書き方の間に、不自然さを感じる。それはもしかすると、占領軍の検閲制度と出版社の自己規制が関係していたのかもしれない。敗戦後に占領軍は、すでに述べたように日本政府に対しては言論の自由の尊重確立を指令し、その一方で言論・報道に対して事前検閲を含む厳しい規制を加えていた。しかも検閲の結果修正が命ぜられた場合には「訂正は常に必ず組直しをもってなすべく、絶対に削除箇所をインキにて抹消し、余白として残し、或はその他の方法を以てなすべからず。尚ゲラ刷りを提出せるのちは、当検閲部の承認なき追加又は変更をなすことを得ず」という厳しいものであり、各出版社に通達が発せられていた。「日本の戦争遂行および戦争中の好意を擁護する直接間接の一切の宣伝」は削除または掲載発行禁止の対象に含まれていた。

これを見れば、「科学者の使命」は湯川の考えが普遍的なものだったにせよ、表現が問題にされるものだった可能性が大きく、出版社が自己規制した可能性は否定できない。「静かに思ふ」の『週刊朝日』版と『自然と理性』版を比較したところ、全体の24%にあたる前書きと「一」全体が削除され、ほかにも主な変更として削除1か所、訂正9か所、追加3か所などがある。これも私は、湯川の1年間に気持ちの変化と表現の改善があったのも事実だろうが、もう一つの理由として占領軍による検閲制度の出版社に与えた影響があっただろうと思う。

　こう考える理由は、「静かに思ふ」にすぐ続けて湯川が書いたのが、『科学朝日』の1945年10月号に発表した「科学日本の再建」であり、敗戦という激動があったにもかかわらず内容的に「科学者の使命」に続くと思うからである。

　　　「京の山」

　翌1946（昭和21）年5月27日に、湯川は再刊される『洛味』のために「京の山」を書き上げた。『洛味』は京都にゆかりのある人、テーマの随筆、短歌、俳句の雑誌として1935年に創刊され、1944年から休刊していたのだが、1946年9月に再出発し、2010（平成22）年の687号まで続いた。第一輯は美しい色刷りの表紙が目を引き、内容も充実していた。

　湯川は東京で生まれたのだが、翌1908（明治41）年に京都に移ったので、物心がついたときは京都だった。1932年に結婚して大阪市、西宮市に住んだが、1943年に京都市内に戻った。盆地の中央を北から南に流れる賀茂川と高野川が市内で合流して鴨川になり、東、北、西を山に囲まれた京都の自然を湯川はこよなく愛した。厳しい食糧難とインフレは続いていたが、落ち着きを取り戻してきた中で、理系と文系の素養を兼ね備えた湯川が、叙情的に描いたのが「京の山」だった。この中には日記に書かれている東京大学への転任問題についての心のゆらぎが率直に書かれている。

ヒューマニスト湯川の形成

　湯川の永眠後、スミ夫人から残された日記を読んでみてほしいといわれて私は、1954（昭和29）年までの日記を拝見した。そのときにその後の日記の有無をお訊きしたところ、日記をつける時間が取れず、和歌に気持ちと記録を残していたといわれた。

　湯川は、生涯和歌をたしなんだ。1956年には代表作300首あまりを選んで「大体時間的順序に従って」並べ「歌集深山木」として『湯川秀樹選集第五巻　紀行編　旅の便りと歌』の後半に収めた。「感傷的、懐古的なのが多い」と書いている。1970年の定年後、それまでに書いた随筆や論文を分類・整理し、取捨選択して出版することにした。その一つが以前の歌集に追加・加筆を加え、取捨選択しなおして編集した「歌集深山木」だった。これが決定版になって、1971年の『湯川秀樹自選集V　遍歴』に収められた。

　湯川は、「私の和歌はどの流派とも関係ない。いつごろから歌をつくりだしたのかも、はっきりとは覚えていない。…中学生時代から西行や業平の歌に惹かれるようになり、やがて啄木を愛好するようになった。ずっと後になってから、晩年を京都で暮らした吉井勇氏と親しくなり、彼の和歌の影響も受けるようになった」と書いている。

　1945年前後の和歌を見てみよう。

末弟滋樹応召（以下三首）

　　応召の末の弟訪ひくると窓によりまつ雨のたそがれ

　　春雨にぬれて入りくる人やがて 戎 衣そぼちて野営するらん

　　ただいまと内玄関に入ればそこに待てる弟幼なかりしを

　　（私が小学校より帰ってくるのを、まだ小さかった末弟はいつも内玄関で待ちうけていた）

蛍火

　　空襲と起きいづる庭の片陰に一つ蛍の光りゐるかも

東京（以下四首）

　　はてしらぬ焼野原をゆきゆけば赤犬路をよぎりすぎけり

　　照る日さへ容赦はあらず赤さびし金物ばかり残る焼跡

　　死ぬるとも東京の土とをちこちの壕屋の灯の見ゆる夕暮

　　今日は人あすはわが身ぞトタン家の照る日雨の日起き伏しいかに

　　　註　トタンとは耐食性を持たせるために亜鉛メッキをした薄い鋼板のことであり、当時
　　屋根の板として用いられた。空襲で家を失った人は、焼け跡からトタン板を拾い集め、自
　　分で天井と囲いを作り当座の住まいとしたのだった。

東京より富士見に向ふ車中にて

　　一面の葡萄畑に埋もれて屋根のみ見ゆる甲斐の山里

信州、富士見にて（以下四首）

　　きその日を焼跡みし日に高原のみどり深くもしみとほるなり

　　白樺のまじる林に郭公の鳴くとしいふにしばしたたずぬ

　　にしひがし家をうしなひ信濃路のここに命をよする人あり

　　（佐千夫の歌碑「寂しさの極みに堪へて天地に寄する命をつくづくと思ふ」を見て）

　　のどかなる時をありへて信濃路に　碑　のこし去りし歌人

　　（同上）

原子雲（以下三首）

　　天地のわかれし時に成りしとふ原子ふたたび砕けちる今

　　今よりは世界一つにとことはに平和を守るほかに道なし

　　この星に人絶えはてし後の世の永夜清宵何の所為ぞや

秋深し

　　ふたたびは歌も詠まじと思ひきし秋更くる夜に残る虫の音

学園晩秋（以下三首）

　　久方に逢ひし友人頬やせぬ銀杏落ちしく学園の道

246

アメリカの人けふもきて賞づるなり黄葉ちりそめし大学キャンパス

わくらばに音たててジープすぎゆきぬ銀杏並木をひとり歩めば

昭和二十年も暮れんとして（以下二首）

雪ちかき比叡さゆる日々寂寥のきはみにありてわが道つきず

比叡おろし吹きつのる夜をいねがてのわれにはあかせ天地の法往還（以下九首の最後の一首）

そこはかのうれひある日のかへるさはいやなつかしき京の夕山

末弟は二年前に戦死していたとの報をきく（以下八首）

弟はすでにこの世になき人とふたとせをへて今きかんとは

弟の死を語る人ありし日はベッドならべて語りあひし人

いつたりの男子の末に生れきて先づ世を去りしあはれ弟

弟がもしやゐるかと復員の兵の隊伍にそひて歩みし

新妻を伴ひてきし弟のすがた目にありて歌ふすべなし

ふるさとの大文字の火をつひにまた見ずて逝きにしあはれ弟

大文字やこのいくとせの新仏ひともかなしきわれもかなしき

門をゆく人声はなほきこえつつ見るみるうちに消ゆる送り火

　湯川の和歌について、歌人吉井勇は「純情な力強さ」があると評した。

　最初は、湯川によくなついていてかわいがっていた末弟の滋樹が、召集の命令を受け、戦場に赴く前の雨の夜に訪ねて来た時の3首である。戦後になっても音信不通で帰っても来ない。1946年8月7日になって初めて2年前に中国で戦病死していたことを知る戦友を突き止めて訪問し、状況を聞くことができたことが最後の8首に詠まれている。この日は、たまたま湯川家の祖父母の法事の日だった。このような悲しみは日本中、さらに世界中で戦死者一人一人に起きていたのだった。「蛍火」から「昭和二十年も暮れんとして」までは1945年の和歌である。「東京」は6月28日の体験だろうか。空襲によって焼け出される可能性は誰にでもありえたことだった。長野県富士見への旅の和歌は6月29日の状況である。

「原子雲」3首は、広島、長崎の原爆被爆の状況を知って、次に核兵器を使う戦争が起これば人類が絶滅する可能性があることを見抜き、これを避けるためには戦争を廃絶して世界が一つにならなければならないという、湯川の生涯を通しての思想の根本がこの年に形成されたことを示している。1954年のビキニ水爆実験による第五福竜丸などの被曝事件を見てこの思想は確信になり、思索の湯川から行動の湯川に変貌する。核兵器と戦争の廃絶を世界の政府と科学者に訴えようとのB. ラッセル（1872（明治5）〜1970（昭和45）年）からの要請に賛同して参加したのが1955年7月9日のラッセル・アインシュタイン宣言だった。これにすぐ続いてノーベル賞受賞者たちが核兵器の使用に反対して7月15日に発表したマイナウ宣言（リンダウ宣言）にも署名する。さらに国内でも下中弥三郎や平塚らいてうたちとともに国内外に平和問題を訴えていこうと同じ年の11月11日に世界平和アピール七人委員会を立ち上げる。2年後の1957（昭和32）年にはラッセル・アインシュタイン宣言に賛同する世界の科学者のパグウォッシュ会議に参加、1961年には世界連邦世界協会会長に就任、1962年には朝永振一郎、坂田昌一とともに科学者京都会議設立へと最晩年まで休むことなく活動を続けた。このような

京都国際会館の北側に立つ湯川秀樹の碑「世界は一つ」

変化を遂げた原点が敗戦の年にあったのだった。

　最後にまとめとしてこの年の湯川を一言でいえば、8月15日の敗戦という激変の前後を通じて、「物理学の基礎を探求し、後継者を養成し、学生に教育し、科学者の立場から社会に発言していく」という使命にいささかの変化をさせる必要がなかった一方で、敗戦までの日本で、「個人・家庭・社会・国家・世界という

系列の中から国家だけを取り出して、これに唯一絶対の権威を認めたこと」が誤りであったとして、国家の絶対性と決別したのだった。

（こぬま・みちじ／慶應義塾大学名誉教授）

1945年に湯川研究室で議論した物理学論文・書籍（講演中に触れただけの論文等除く）

	日付	著者	タイトル
1	1/13	L.Pauling	The Nature of the Chemical Bond and the structure of molecules and crystals, an introduction to modern structural chemistry
2	1/19·26, 2/2·9, 3/2	H.Casimir	On the Interaction between Atomic Nuclei and Electrons
3	1/27	V.Fock	Konfigurationsraum und Zweite Quantelung
4	1/30	N.F.Mott, H.S.W.Massey	The Theory of Atomic Collisions, Chapter IV The Spin of the electron
5	2/24, 3/17·24	N.Kemmer	Quantum theory of Bose-Einstein particles and nuclear interaction
6	2/24	M.Fierz	Über die Weckselwirkung zweier Nukreonen in der Mesontheorie
7	2/26	M.Fierz	Zur Theorie magnetische geladenen Teilchen
8	3/3	M.Fierz, G.Wentzel	Zum Deuteronproblem I
9	3/10	G.Wentzel	Zur Vektormesontheorie
10	3/17	G.Wentzel	Zum Deuteronproblem II
11	3/23	H.R.Hulme, N.F.Mott, F.Oppenheimer, H.M.Tayler	Internal Conversion coefficient for γ-Rays
12	4/6·27, 6/15, 7/13	H.Bethe	Nuclear Physics B
13	4/7	E.C.G.Stueckelberg	Un modèle de l'électron ponctuel II
14	4/21	F.Coester	Stabilitaet dei Atomkerne in der Meson Theorie
15	4/24, 5/1·8	A.Sommerfeld	Atombau und Spektrallinien
16	4/28, 6/16·23, 7/14, 8/4	G.Wentzel	Zum Problem des statischen Mesonfeldes
17	5/19·26	S.Tomonaga	Zur Theorie des Meson II
18	5/30	G.Gamow	Nuclear Reactions in Steller Evolution
19	7/7	T.Muto, M.Nogami	On the Magnetic Scattering of Slow Neutrons In the Ferromagnetic Crystal
		T.Muto	On the Inelastic Scattering of fast mesons accompanied by the Exitation of Nucler Surface Vibration of the Liquid Drop Model
20	9/8	G.Wentzel	Zur Vektormesontheorie
21	10/12·26, 11/2·16, 12/7	J.C.Slater, N.M.Frank	Introduction to Theoretical Physics
22	10/13·20, 11/17, 12/1	E.Fermi	Quantum theory of Radiation
23	12/3	Y.Sekido, Y.Asano, T.Masuda	Cosmic Rays on the Pacific Ocean, Part I Latitude Effect
24	12/17	E.Whittaker	A history of the theories of ether and electricity from the age of Descartes to the close of the nineteenth century

掲載誌 巻 (年) 頁／出版社 (年)	備考	
Cornel Univ. Press, 2nd edition (1940)	理論談話会	1
Prize Essey, Teyler's Tweede Genootschap (1940), Haarlem, Holland, p.201〜285	3回生演習	2
Zeitschrift für Physik 75 (1932) 622〜647	3回生演習	3
Clarendon Press, (1933), pp.45〜59	3回生演習	4
Proceedings of the Royal Sociey of London A 166 (1938) 127〜153	3回生演習	5
Helvetica Physica Acta 17 (1944) 181〜194	談話会	6
Helvetica Physica Acta 17 (1944) 27〜34	談話会	7
Helvetica Physica Acta 17 (1944) 215〜232	理論談話会	8
Helvetica Physica Acta 16 (1943) 551〜596	理論談話会	9
Helvetica Physica Acta 17 (1944) 252〜272	理論談話会	10
Proceedings of the Royal Society of London A 155 (1936) 315〜330	3回生演習	11
Review of Modern Physics 9 (1937) 69〜244	3回生演習	12
Helvetica Physica Acta 17 (1944) 3〜26	理論談話会	13
Helvetica Physica Acta 17 (1944) 35〜58	理論談話会	14
F. Vieweg & Sons, Braubschweig, Band 1, (1931), Band 2, (1939)	2回生演習	15
Helvetica Physica Acta 13 (1940) 269〜308, 14 (1941) 633〜635	3回生演習 7/14には、II Die Kernkräfte (p.291〜) から	16
Scientific Papers of the IPCR, 40 (1942) 21〜67	3回生演習、ICRPは理化学研究所	17
Nature 144 (1939) 575〜577	核分裂談話会 湯川は「Thermo Nuclear Reaction」と内容を記述	18
Scientific Papers of the IPCR, 40 (1943) 333〜350 Scientific Papers of the IPCR, 40 (1943) 351〜363	3回生輪講 湯川は "T. Muto, und Yamashita?, Nogami, On the Inelastic Scattering ……" と書いている。J.YamashitaはMuto論文の謝辞に登場。	19
Helvetica Physica Acta 16 (1943) 551〜596	3回生演習 B f = 0 の場合 p.559〜575	20
McGrow-Hill Book Company (1933)	3回生演習、12/7はChapter IV	21
Review of Modern Physics 4 (1932) 87〜132	3回生演習	22
Scientific Papers of the IPCR, 40 (1943) 439〜455	来訪者関戸彌太郎君に話してもらう	23
Dublin University Press Series (1910)	哲学者グループと湯川研究室の合同輪講第1回	24

主な参考文献と手に入りにくい文献　(順不同)

◎年譜
(河辺六男／『湯川秀樹著作集別巻』／岩波書店／1990年／巻末／p.1)

◎中間子論の誕生
(河辺六男・小沼通二／『日本物理学会誌』／1982年／37巻4号／p.265)

◎京都大学基礎物理学研究所湯川記念館史料室所蔵資料

◎湯川秀樹・朝永振一郎・坂田昌一の遺した史料
(筑波技術大学／2011年)

◎湯川秀樹・朝永振一郎・坂田昌一の系譜の探求に向けて
(筑波技術大学／2014年)

◎湯川秀樹日記 昭和九年：中間子論への道
(朝日新聞社／2007年)

◎アメリカ日記 一九三九年
(湯川秀樹／『湯川秀樹著作集7巻』／岩波書店／1989年など)

◎一九四五年 湯川秀樹の日記
(小沼通二／『kotoba コトバ』／集英社／2018年夏号／p.23)

◎湯川秀樹、戦中から戦後へ
(小沼通二／『図書』／岩波書店／2018年8月号／p.8)

◎湯川秀樹の戦争と平和
(小沼通二／岩波書店／2020年)

◎沖縄戦新聞 ―当時の状況をいまの情報、視点で―
(琉球新報社／2005年)

◎伝えたい記憶・写真に見る京都・馬町空襲被害地図
(京都女子大学文学部史学科日本史演習・坂口ゼミによる検証と考察／2018年)

◎隠されていた空襲 ―京都空襲の体験と記録―
(京都空襲を記録する会／京都府立総合資料館編／汐文社／1974年)

◎閉ざされた言語空間 ―占領軍の検閲と戦後日本―
(江藤淳／文藝春秋／1989年・文春文庫／1994年)

◎昭和史の天皇 原爆投下
(読売新聞社編／角川書店／1988年／角川文庫)

◎Truman声明 1945/08/06
(仁科芳雄往復書簡集／現代物理学の開拓補巻／1925-1993／中根良平・仁科雄一郎・仁科浩二郎・矢崎裕二・江沢洋編／みすず書房／2011年／p.337)

◎荒勝文策と原子核物理学の黎明
(政池明／京都大学学術出版会／2018年)

◎日本の原子核研究についての第二次世界大年戦後の占領軍政策
(小沼通二・高田容士夫／科学史研究／1993年／II31巻／p.138)

◎ 第二次世界大戦後の日本の原子核研究と極東委員会
(小沼通二・高田容士夫／科学史研究／1993年／Ⅱ32巻／p.193)

◎ GHQ資料からみたサイクロトロン破壊
(山崎正勝／科学史研究／1995年／Ⅱ34巻／p.24)

◎ 究極兵器自動吸着爆弾の脅威
(野村恭雄／丸／潮書房／1961年11月号／p.50)

◎ 広島出張
(青木信義／『文集4』／静岡県立藤枝東高校／1981年／p.25)

◎ 東京大空襲
(青木信義／『文集5』／静岡県立藤枝東高校／1982年／p.25)

◎ ㋘の開発物語
(近藤次郎／半導体研究所報告／第19巻4号／1983年12月)
(続独創／西沢潤一編／財団法人半導体研究振興会／1986年／p.115)

◎ 第86回帝国議会衆議院予算委員会議録
(速記／『第4回』／1945年1月24日)

◎ 浜松陸軍飛行第七連隊の設置と十五年戦争
(矢田勝／「静岡県近代史研究」／第12号／1986年)

◎ 平和への祈り
(矢田勝／庄内地区戦時体験刊行会／2000年)

◎ 化学者たちの京都学派
(古川安／京都大学学術出版会／2017年)

◎ 湯川秀樹未発表書簡吉井勇宛六通（翻刻）附吉井勇宛未発表短歌を含む九首
(細川光洋／『国際関係・比較文化研究』／静岡県立大学国際関係学部／第14巻1号／2015年9月／p.1)

◎ 吉井勇日記
(京都府立京都学歴彩館所蔵)

◎ 哲学季刊
(哲学季刊刊行会／第1号（1946年4月）〜第10号)

◎ 歌集 深山木
(『湯川秀樹自選集5 遍歴』／朝日新聞社／1971年、湯川秀樹／私家版／1971年、『湯川秀樹著作集7巻 回想・和歌』／岩波書店／1989年など)
※湯川は同じ題の『深山木』を、1956年の『湯川秀樹選集 第5巻／旅のたよりと歌』（甲鳥書林）にも収録しているが、その後追加・削除と加筆を行っている。

◎ 湯川スミ『蝉声集』への寄稿
(湯川秀樹作品刊行会／1989年)

◎ 湯川さんの歌
(吉井勇／『湯川秀樹選集 第4巻 物理学と世界観』月報／甲鳥書林／1955年)
(桑原武夫・井上健・小沼通二編／『湯川秀樹』／日本放送出版協会／1984年／p.58)

湯川秀樹日記1945

「湯川日記」と出合って

峰　政博

　思いもよらないところで出会ったな、というのが率直な感想だった。

　戦後70年を迎えた2015（平成27）年。戦争企画取材班のメンバーとして、京都帝国大学（現京都大学）が原爆開発の可能性を探った「F研究」を追っていた。F研究の全容は、終戦直後に連合国軍総司令部（GHQ）がデータや研究ノート類の大半を押収したため実相が見えにくいという側面があり、取材は長期間、広範囲に及んだ。

　取材の過程で、F研究関係者による1944（昭和19）年10月4日付のメモに記されていた会合の出席者に湯川博士の名前をみつけた。私が生まれた翌年の1981（昭和56）年に亡くなっているため、もちろん面識はない。教科書で知る偉人の1人だった。

　日本人初のノーベル賞受賞者として戦後の日本に希望を与えた世界的な科学者、アインシュタインらと核兵器廃絶を訴えた平和主義者。そのイメージが強く、関与は意外だった。

　関係者が残したわずかな証言や米軍側の資料から、湯川博士とF研究の関係の一端を知ることはできた。しかし、本人の肉声や書き残したものにはたどり着けなかった。F研究の主役はあくまで荒勝文策教授を中心とした研究室だったので、そちらを優先した、というのは言い訳で、取材の糸口がつかめなかったというのが事実だった。

　2年後に機会は訪れた。日記の存在は、湯川博士と共に平和運動に取り組んだ小沼通二氏が過去に書いた文章でほのめかされてはいた。本当に日記は実在するのか、もしあるとすればどのような内容が記されているのか。興味は尽きなかった。小沼氏を窓口に関係者へ数カ月にわたって働きかけた。

そして、1945（昭和20）年6～12月の日記の内容が明らかになった。湯川博士の知られざる歴史が刻まれた日記を読み解きながら、もしかしたら自分はとんでもない場に居合わせているのではと興奮を覚えた。

　2017（平成29）年11月24日付の京都新聞朝刊で、1面の「湯川秀樹　終戦期の日記」「45年6～12月『空白期』初確認」などとする見出しの記事を中心に四つの面にわたって関連記事を掲載した。1面の記事には「終戦前後は公的な発言を控えており、日記からは空白期間の関心事や出来事をうかがい知れる。科学史や科学者の平和活動史を考える上で、第一級の資料といえる」と意義を強調した。「静かに思ふ」からの平和と核廃絶に対する博士の発言もたどった。競うように大国が核開発を進めていた時代の中で、人類を信じて死の間際まで必死に発言をやめなかった姿が浮かんだ。

　その後、1～5月分も報道することができた。湯川日記を起点に現在の軍事研究と学問の関係を取材した連載「軍学共同の道」と合わせ、京都新聞社は2018（平成30）年に関西を拠点とした報道活動に贈られる坂田記念ジャーナリズム賞を受賞することができた。

　湯川博士が残した日記をはじめ、その言葉や科学者としての歩みは、戦争と科学者の間に漂う緊張感を伝えている。科学技術が高度化して軍事と民生がより曖昧になっている中で、それはある時代の特別な話ではなく、今日につながる示唆に富んでいる。

　過去の取材は決して振り返りだけが目的ではない。長崎で生まれた被爆3世の記者として、湯川日記が教えてくれた課題と今後も向き合っていきたい。

（みね・まさひろ／京都新聞社記者）

湯川秀樹　略年譜

1907年（明治40年）	1月23日、東京市麻布市兵衛町で、父小川琢治、母小雪の三男として生まれる。父は、地理学者・地質学者で地質調査所に勤務。	1904-1905 日露戦争
1908年（明治41年）	1歳。父が京都大学文学部教授になり、一家は京都市に移る。	1905 アインシュタイン「相対性理論」 光量子理論 ブラウン運動理論
1913年（大正2年）	6歳。京極尋常小学校に入学。京都市上京区寺町通広小路下ル東桜町に住む。	1910 日本が韓国を併合
1919年（大正8年）	12歳。京極尋常小学校を卒業、京都府立京都第一中学校に入学。	1911 西田幾多郎『善の研究』
1923年（大正12年）	16歳。京都府立京都第一中学校4年修了、第三高等学校に入学。	1914 パナマ運河開通
1926年（大正15年）（昭和元年）	19歳。第三高等学校を卒業、京都大学理学部物理学科に入学。このころ一家は京都市上京区塔之段毘沙門町に住む。	1914-1918 第一次世界大戦
1929年（昭和4年）	22歳。京都大学を卒業、同大学理学部副手として理論物理学の研究に従事。	1920 国際連盟成立
1932年（昭和7年）	25歳。湯川スミと結婚、湯川姓を名のる。養父玄洋（胃腸病院長）、養母みち。大阪市東区内淡路町に住む。京都大学理学部講師になり、量子力学の講義を担当。原子核や宇宙線の理論的研究に集中し始める。	1922 ソビエト社会主義共和国連邦（ソ連）成立 ワシントン軍縮条約 （1934日本破棄） 1923 関東大震災
1933年（昭和8年）	26歳。大阪大学理学部講師になる。長男春洋が誕生。	1925-1926 量子力学誕生
1934年（昭和9年）	27歳。核力の場の理論を提唱して、中間子の存在を予言し日本数学物理学会の常会で講演。西宮市苦楽園に住む。次男高秋が誕生。	1928 不戦条約（パリ） 張作霖爆死事件 1929 世界大恐慌
1935年（昭和10年）	28歳。論文「素粒子の相互作用についてI」（英文）を日本数学物理学会欧文誌』に発表。養父玄洋死去。	1931 満州事変 1933 日本、国際連盟脱退

256

1936年（昭和11年）	29歳。大阪大学助教授になる。最初の著書『ベータ線放射能の理論』（岩波書店）を出版。	1936 ロンドン軍縮会議から日本脱退
1937年（昭和12年）	30歳。アンダーソン（米）らの実験によって宇宙線中に湯川が予言した質量をもつ粒子が発見されたことで、世界的に認められる。坂田昌一との共著で「素粒子の相互作用について」第二報を発表。	1937 盧溝橋事件 日中戦争（支那事変）
1938年（昭和13年）	31歳。坂田昌一、武谷三男と共著で「素粒子の相互作用について」第三報、続いて小林稔も含めて第四報を発表。理学博士を授与され、第8回服部報公賞を受ける。	
1939年（昭和14年）	32歳。京都大学教授になる。学術研究会議会員になる。「素粒子とその相互作用」を主題とするソルベー会議に招かれ渡欧したが、第二次世界大戦勃発のため会議は中止。アメリカを経由し、アインシュタインをはじめ多くの物理学者を訪問。また、いくつかの大学で中間子論について講演、帰国。	1939-1945 第二次世界大戦
1940年（昭和15年）	33歳。学士院恩賜賞を受ける。理化学研究所研究員。 西宮市甲子園口へ転居。	
1941年（昭和16年）	34歳。野間賞（学術賞）を受ける。 実父小川琢治死去。	1941 日本が米英に宣戦布告
1942年（昭和17年）	35歳。この頃から素粒子論の新しい基礎づけについての考察を種々の機会に発表。これを問答体で書いた論文「場の理論の基礎について」を雑誌『科学』に連載。東京大学教授兼任。	1942 世界初の原子炉（シカゴ）
1943年（昭和18年）	36歳。文化勲章を受ける。京都市左京区下鴨神殿町に転居。実母小雪死去。「科学者の使命」を京都新聞（1月6日付）に掲載。	
1944年（昭和19年）	37歳。『物理学に志して』（養徳社）刊。	

1945年（昭和20年）	38歳。週刊朝日（11月4日発行）に「静かに思ふ」を掲載。	1945 原子爆弾（広島・長崎） 日本無条件降伏 国際連合（国連）成立
1946年（昭和21年）	39歳。戦中・戦後の日本の理論物理に関する研究を国際的に知らせるため、欧文学術雑誌『理論物理学の進歩』を創刊。日本学士院会員になる。『目に見えないもの』（甲文社）を刊行。	1946 チャーチル「鉄のカーテン」演説
1947年（昭和22年）	40歳。素粒子の広がりを考察した論文を『理論物理学の進歩』に発表。パウエル（英）らが宇宙線中に2種の中間子を発見。	1947 日本国憲法発布
1948年（昭和23年）	41歳。カリフォルニア大学の大加速器で中間子が人工的につくられる。プリンストン高等学術研究所客員教授として妻スミと渡米し居住。	1948 国連世界人権宣言 大韓民国、朝鮮民主主義人民共和国成立
1949年（昭和24年）	42歳。アメリカ科学アカデミー会員、コロンビア大学客員教授になる。2人の息子も呼び一家でニューヨークに住む。中間子理論により日本人として初のノーベル物理学賞を授けられる。ストックホルムで受賞講演。	1948-1949 ソ連によるベルリン封鎖 1949 中華人民共和国成立 ドイツ連邦共和国・ドイツ民主共和国成立 NATO北大西条約機構発足
1950年（昭和25年）	43歳。広がった素粒子を対象とする論文「非局所場の理論について」（第一部、第二部）を雑誌『フィジカル・レビュー』に発表。過労のため神経性胃腸障害を起こしニューヨークで入院。	1950-1953 朝鮮戦争 1951 サンフランシスコ講和条約調印（1952発効） 日米安全保障条約
1953年（昭和28年）	46歳。アメリカから帰国。わが国初の共同利用研究所として京都大学に新設された基礎物理学研究所の所長に就任。京都、東京で開かれた国際理論物理学会議会長になる。京都市名誉市民、大阪大学名誉教授に。	1953 日本、テレビ放送開始 エベレスト初登頂 1954 ビキニ水爆実験 原子力潜水艦
1955年（昭和30年）	48歳。ラッセル・アインシュタイン宣言とマイナウ宣言の共同署名者となる。下中彌三郎、平塚らいてうらと世界平和アピール七人委員会結成。『湯川秀樹選集』（甲鳥書林）全5巻を刊行（完結は1956年）。	1955 ワルシャワ条約調印

1956年（昭和31年）	49歳。原子力委員になる。国際会議のため欧米出張。	1956 原子力基本法 原子力委員会発足
1957年（昭和32年）	50歳。病気のため原子力委員辞任。京都市左京区下鴨泉川町に転居。第一回パグウォッシュ会議（カナダ）出席。 パリ大学名誉博士。	1957 ソ連 人工衛星成功
1958年（昭和33年）	51歳。第二回原子力平和利用国際会議（ジュネーブ・日本政府代表）やユネスコ大会（パリ）などに出席のため渡欧、ブラジル、アルゼンチンも訪問。	
1959年（昭和34年）	52歳。高エネルギー物理学国際会議（ソ連・キエフ）に出席。	1960-1973 ベトナム戦争
1961年（昭和36年）	54歳。ウィーンで開催の世界連邦世界協会（WAWF）世界大会で会長に推される。ソルベー会議（ブリュッセル）で講演。	1961 ベルリンの壁建設
1962年（昭和37年）	55歳。朝永振一郎、坂田昌一らと第一回科学者京都会議を開催。	1962 キューバ危機
1963年（昭和38年）	56歳。東京と京都で開催のWAWF世界大会で会長として基調講演を行う。 ロンドン王立協会客員になる。	1962～ ICBM（大陸間弾道ミサイル）実戦配備開始
1964年（昭和39年）	57歳。ギリシャ王立協会主催の第一回アテネ集会で「科学的思索における直観と抽象」と題し講演。 ソ連からロモノソフ・メダルを受ける。	1963 米英ソ部分的核実験停止条約 1964 中国、核実験 東海道新幹線開通
1965年（昭和40年）	58歳。WAWFの会長を退き名誉会長に。中間子論30周年を記念して京都で開かれた素粒子国際会議で「素粒子の時空的記述」と題し講演。	1965 朝永振一郎ノーベル物理学賞受賞 日韓基本条約調印
1966年（昭和41年）	59歳。論文「原子論と空間・時間の分割可能性」を『理論物理学の進歩』増刊に発表し、素領域理論を提唱する。	

1967年（昭和42年）	60歳。西ドイツのプール・ル・メリット勲章、モスクワ大学名誉博士を授けられる。オスロでのWAWF大会に出席。モントリオール万国博で「科学における創造的思考」と題し講演。ロチェスター大学で開かれた素粒子国際会議に出席。	
1968年（昭和43年）	61歳。基礎物理学研究所創立十五周年記念シンポジウムで「基礎物理学とは」と題し講演。	
1969年（昭和44年）	62歳。初孫弥生が生まれる。	1969 人類初の月面着陸
1970年（昭和45年）	63歳。京都大学を定年退官し、同大学名誉教授に。	1970 核不拡散条約（NPT）
1971年（昭和46年）	64歳。次男高秋死去。『湯川秀樹自選集』（朝日新聞社）全5巻を刊行。『歌集 深山木』（私家版）を刊行。	
1972年（昭和47年）	65歳。岩波講座『現代物理学の基礎』全12巻監修。	1972 沖縄返還
1973年（昭和48年）	66歳。英文著作集『Creativity and Intuition—A Physicist looks at East and West』を講談社インターナショナルから刊行。	
1975年（昭和50年）	68歳。前立腺肥大の手術。がん細胞が見つかり再手術。日本で初めての第25回パグウォッシュシンポジウム（京都）開会式に車椅子で出席。主催者を代表して平和への意志を強く訴える。その後、体力低下。	
		1978 日中平和友好条約調印
1979年（昭和54年）	72歳。京都大学基礎物理学研究所に湯川記念館史料室を設置。『Hideki Yukawa, *Scientific Works*』（岩波書店）を刊行。	
1980年（昭和55年）	73歳。春、肺炎と心不全のため3カ月近く入院、小康を得るとともに核兵器廃絶の署名運動に乗り出す。	

1981年（昭和56年）	74歳。6月、体力を振り絞り第四回科学者京都会議を15年ぶりに開催し、核兵器廃絶を求める。8月17日『理論物理学の進歩』編集会議に出席（これが京都大学での最後となった）。 9月8日午後2時、急性肺炎からの心不全のため自宅で死去。
1989年（平成元年）	『湯川秀樹著作集』（岩波書店）全11巻を刊行（完結は1990年）。
2005年（平成17年）	ユネスコが湯川秀樹メダルを作製。
2006年（平成18年）	「湯川秀樹・朝永振一郎生誕百年記念展」が国立科学博物館をはじめ9都市で開催。
2007年（平成19年）	『湯川秀樹日記 昭和九年：中間子論への道』刊行。

1989
ベルリンの壁崩壊

1991
ソビエト連邦が15カ国に解体

2017
核兵器禁止条約を国連で採択

湯川秀樹日記1945

謝辞　　あとがきにかえて

小沼通二

　湯川秀樹先生が遺されたこの日記（研究室日記／日誌）は、先生の没後スミ夫人（2006年没）によって京都大学基礎物理学研究所に寄贈され、同研究所の湯川記念館史料室が管理し、解読と分析が行われ、外部からの問い合わせに協力し、部分的に公開されてきた。スミ夫人と私は、先生の生誕百年の機会に世に出すことを計画したのだが、残念なことに自宅に保管されてきた1934（昭和9）年の日記の出版だけで止まっていた。

　今回の出版は、京都新聞社の峰政博記者が繰り返し取材に来られ、イメージを固めて一日に4ページの紙面の用意ができたから公開に踏み切るようにと求めてこられたのがきっかけだった。この事情は本書に峰記者が書いている通りで、青木慎也所長、早川尚男史料室委員会委員長と私が決断をした結果2017（平成29）年11月24日の京都新聞に4面にわたって大きく報じられた。これを受けてこの日から他社の取材希望が殺到し、12月21日に合同記者会見が行われ、1945年全体の日記の公開についての全国での報道に至ったのだった。これに続き京都新聞出版センターから出版することが決まり、湯川先生の長男春洋・由規子夫妻の理解と協力の下で、私が編集に当たることとなった。春洋氏は本書の完成をみずに2019年に急逝された。

　京都にゆかりの山極壽一京都大学総長、永田和宏京都大学名誉教授、作家の黒川創氏は日記をお読みくださり、興味深いエッセーをお寄せくださった。

　我孫子の政池明氏、浜松の外山孝俊、矢田勝、山本欣右、山本中、岡部結子、大野勝美各氏、静岡の細川光洋氏、京都の坂口満宏、塩瀬隆之、荒木千枝子各氏は、註と解説の執筆に当たり貴重な貢献をしてくださった。

　妻の正江と娘の福山みちえの理解と支援も貴重だった。

　最後になったが、京都新聞出版センターの岡本俊昭センター長と編集委員の松村麻也子氏、宇野美里、井原悠造両氏の終始変わらぬ熱意によってここに出版の運びとなった。

　ここにお名前を挙げたすべての方々に深い感謝をささげる。

小沼通二（こぬま・みちじ）

1931年東京生まれ。専門は素粒子論、物理学史、科学と社会。東京大学大学院修了、理学博士。現在、慶應義塾大学名誉教授、京都大学基礎物理学研究所湯川記念館史料室委員など。『湯川秀樹』桑原武夫・井上健と共編著（日本放送出版協会）、『「湯川秀樹物理講義」を読む』編（講談社）、『湯川秀樹日記 昭和九年：中間子論への道』編（朝日新聞社）、『湯川秀樹の戦争と平和』（岩波書店）など。

装幀・デザイン　辻田和樹

湯川秀樹日記1945

発行日	2020年9月1日　初版発行　©2020
著者	湯川秀樹
編集・執筆	小沼通二
発行者	前畑知之
発行所	京都新聞出版センター
	〒604-8578 京都市中京区烏丸通夷川上ル
	Tel.075-241-6192／Fax.075-222-1956
	http://www.kyoto-pd.co.jp/
印刷・製本	株式会社ITP

ISBN978-4-7638-0734-2 C0095
Printed in Japan